当我们思考时，哲学家在思考什么？

[法]纪尧姆·马丁——著
王晓园——译

江苏凤凰文艺出版社
JIANGSU PHOENIX LITERATURE AND ART PUBLISHING, LTD

图书在版编目（CIP）数据

当我们思考时，哲学家在思考什么？/（法）纪尧姆·马丁著；王晓园译. — 南京：江苏凤凰文艺出版社，2020.9

ISBN 978-7-5594-4405-9

Ⅰ. ①当… Ⅱ. ①纪… ②王… Ⅲ. ①哲学—通俗读物 Ⅳ. ①B-49

中国版本图书馆CIP数据核字（2020）第002887号

江苏省版权局著作权合同登记：图字10-2020-17号

Originally published in France as:
Socrate à vélo by Guillaume Martin

书　　名	当我们思考时，哲学家在思考什么？
著　　者	[法]纪尧姆·马丁
译　　者	王晓园
责任编辑	孙金荣
特约编辑	刘小旋
责任校对	杨芳云
版权支持	张晓阳
出版统筹	孙小野
封面设计	金牘文化·车球
内文插图	沐七文化传媒
出版发行	江苏凤凰文艺出版社
出版社地址	南京市中央路165号，邮编：210009
出版社网址	http://www.jswenyi.com
印　　刷	三河市金元印装有限公司
开　　本	880毫米×1230毫米 1/32
印　　张	7
字　　数	127千字
版　　次	2020年9月第1版　2020年9月第1次印刷
标准书号	ISBN 978-7-5594-4405-9
定　　价	45.00元

（江苏凤凰文艺版图书凡印刷、装订错误可随时向承印厂调换）

目录

1 向着环法自行车赛，前进吧！

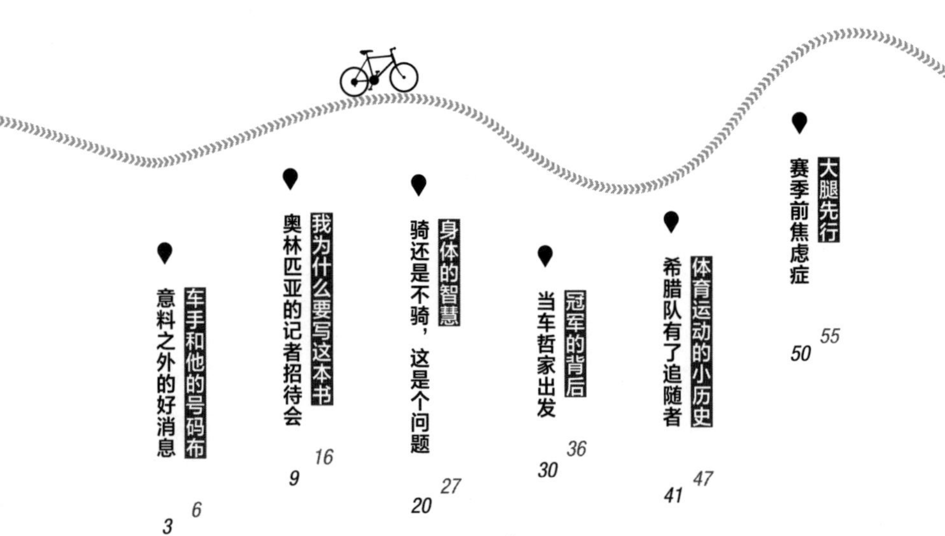

2 开启比赛征程！

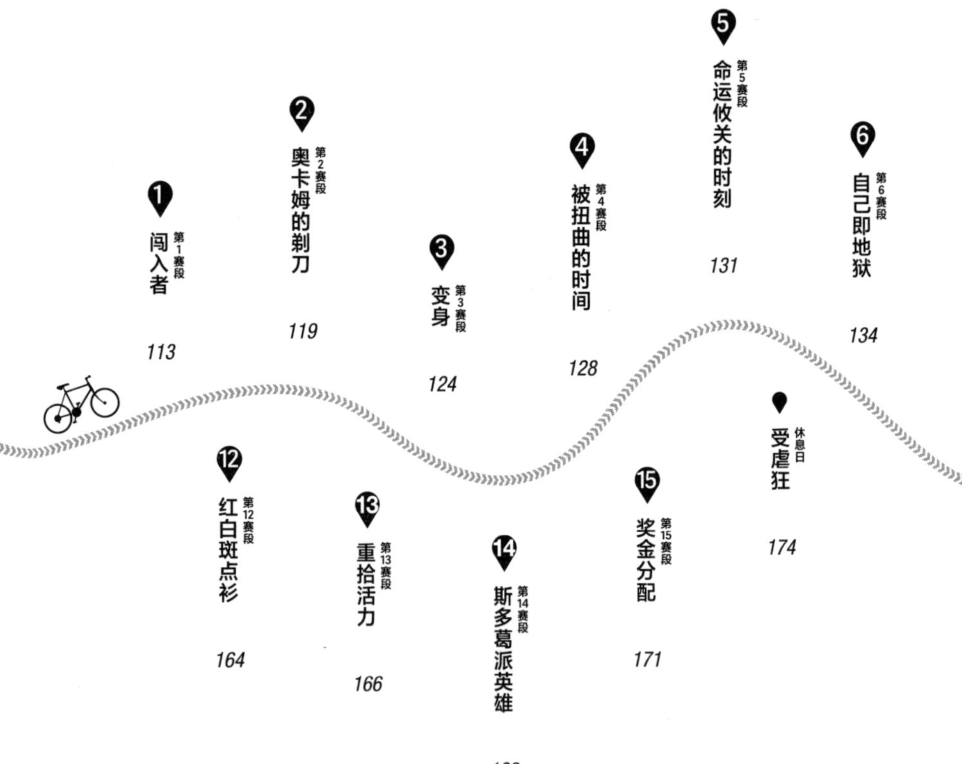

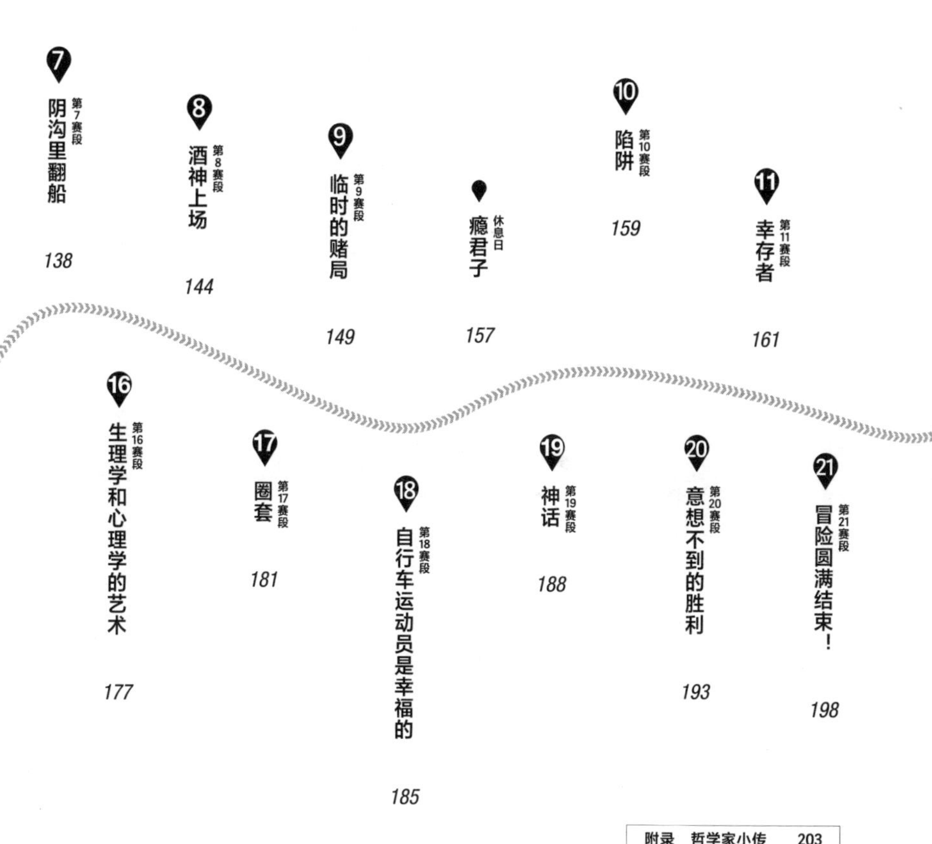

1 向着环法自行车赛，前进吧！

意料之外的好消息

12 月 10 日，离下个赛季差不多还有两个月时间，希腊国家队在奥林匹亚集合，准备进行一场冬季特训。这次集合的目的有两个：积累骑行时间；组建一支紧密团结的队伍，去和最强大的车队、车手们竞争。明年夏天，他们要参加环法自行车赛！这是一座等待他们去攀登的高山。

这些运动员从来没想过自己能参加世界上最盛大的自行车赛事。通常，他们只是在东欧或亚洲随意参加一些二级比赛和没什么人关注的比赛。至于环法自行车赛，他们只能通过报纸或平板电脑远远地关注。对他们来说，环法自行车赛是一场只有伟大的运动员和冠军才能参与的盛事，遥远又难以触及。不过这一次，环法自行车赛的组织者们修改了选拔标准。为了让这场比赛更国际化，减少对经济效益的依赖，他们决定不再与知名品牌合作，重新采用国家队的方式进行选拔。希腊协会抓住这个机会，发出了申请。出乎所有关注者的意料，甚至连希腊人自己都没有想到的是，申请通过了！

不得不说，他们的申请材料构思得特别巧妙。它不仅强调了希腊是现代体育的摇篮，还强调了在这里发展自行车运动的潜力：多变的赛道、理想的天气条件、美妙绝伦的景色……他们承诺要组建一支野心勃勃、冲劲十足的队伍。

组织者特别容易受到申请文件文笔的影响。希腊队的申请文件不仅句子结构很好，而且论据遵循完美的逻辑。这份文件写得如此之好，以至于刚读完，组织者们就毫不犹豫地向希腊队发出了邀请函。

更让人惊讶的是，这些运动员说他们亲自撰写了这份文件！不可否认，这一点彰显了他们参与赛事的决心和智慧。但这些运动员是如何抽出时间，并以一种极其谦卑的态度撰写出这样一份文件的呢？这一切都让人感到好奇，特别是大部分希腊队的队员声称，他们不仅是车手，还是哲学家。很显然，这些希腊人非常有个性，他们理应被更好地理解。

环法自行车赛正式邀请希腊队参赛的消息刚一公布，媒体马上就关注到了这支小队伍，尤其是队员的特别之处。一连串的电话打了进来，要求采访。为了简化流程，不过多分散精力，运动员们决定在赛季前的重要训练开始之际，召开一场新闻发布会。

就这样，12 月初，所有国家、所有媒体的记者都来到了奥林匹亚。

定于 11 点的发布会马上就要开始了。众神之境酒店的会议室也布置好了：讲台上放着一张桌子和三把空椅子，正对着来采访的记者。到场的还有一些好奇的游客。墙上挂着两套希腊队蓝色的运动服，旁边的海报上画的是下一年环法自行车赛的路线。

时间一到，希腊队的三名代表就走进了会议室。为首的是苏格拉底，他的前额有点秃，狡黠的眼神显示出丰富的经验。作为环喀尔巴阡山地车赛和环伯罗奔尼撒岛车赛的多冠王，苏格拉底是队伍中无可争议的领袖。后面跟着的,是他忠实的副手柏拉图。他肌肉发达，曾经是摔跤运动员，后来转向自行车运动。苏格拉底穷困潦倒、只能喝“西北风”时，也是他伸出的援手。最后一个代表是亚里士多德。他既年轻又有野心，只是谋略不足。在去年的环马其顿车赛中，他击败了所有的冠军争夺者一举成名，那场比赛让他的名望达到了一个崭新的高度。

对苏格拉底来说，用一下午的时间来应对记者的狂轰滥炸，实在无聊。今天上午他已经骑行了 5 个小时，明天计划骑行 6 个小时。他宁愿去按摩，也不愿意忍受这些采访游戏。但是他别无选择：既然准备参加环法自行车赛,接受采访就是工作的一部分。更何况，比起 7 月开赛后等待着他们的长枪短炮，这场冬季记者招待会根本算不了什么。

可是，为什么来了这么多该死的记者?

车手和他的号码布

人是一天天被塑造出来的。

——萨特

人们通常认为运动员比较笨拙，却又不愿意承认这一点。既然这些运动员的生活让人憧憬，又能让他们的国家或者俱乐部名声大噪，那他们的愚蠢就可以被原谅。人们笑话那些接受采访时，连条理清晰地蹦出三个字都很困难的运动员。然而，他们其实并不要求运动员成为才华横溢的雄辩家，毕竟运动真正仰赖的是敏捷的双脚！对有这样一双脚的人来说，头脑也就不重要了。最终，对于运动员的智力问题，人们总是自动保持沉默。

对于人们总是有意无意地忽略运动员头脑中的想法，我并不感到惊讶。恰恰相反，我觉得这反而更公平合理，不管怎么说，运动总归是个体力活。

真正让我震惊的，是人们对“运动员也可以很聪明”的惊讶态度。人们认为，一个车手收听法兰西文化电台的节目有些“违和”；人们甚至仅仅因为一个运动员上过学就喜欢他……这些都让我反感，因为这种想法的潜台词是：一个运动员不能具备思考的能力，这不是他该干的事情。他应该做的是跑、跳、投掷、骑自行车……运动场上的人就是一台活体机器，在自己的领域是专家，在其他方面则没有什么特别之处。实际上，人们忘了运动员也是人，他们的生活不应该只用号码布定义。

如果人们会为一个车手也是哲学家这件事感到惊讶、高兴甚至狂喜，就意味着他们对车手的认知仅局限于他的运动短裤。同样地，在小酒馆中，人们只会把服务员同他的围裙联系在一起，而没有把他看作一个人。人们无法想象一个车手除了骑自行车之外还能做什么。更可怕的是，如果一个运动员在职业之外有其他爱好，还会被视为是业余的表现，就好像职业体育运动排斥其他所有活动。

事实上，下了自行车之后，运动员也需要生活。和从事其他职业的人一样,自行车运动员也是各有不同的。每个人都有个性，每个运动员也都有自己的特点。我认识的车手里,有人爱好电影，也有人是当代艺术的狂热分子，还有人在每天训练结束后都会到农场工作。有的人喜欢驾驶带着嘈杂声响的汽车去兜风，有的人则喜欢在田野的氛围中放松自我。渔夫、文艺青年、摇滚歌手……组成一个车队的人都是形形色色的独立的人！

当然，社会因素也非常关键。毫无疑问，在自行车运动员的大家庭中，农民的儿子比高管的儿子要多。我不否认，运动员中肯定也有无聊透顶的人，也会有傻瓜，和其他地方一样。愚蠢是世界的通病，对此人们心知肚明。

我的一点小经验也让我意识到，在自行车运动中，有数量多到难以想象的人想出名,有数不胜数的赛道想成为焦点。问题是，人们通常不愿试图去了解他们，总是在不知疲倦地重复着相同的故事。

2017年，我第一次参加环法自行车赛时，媒体对我的故事还是很感兴趣的。我出发去杜塞尔多夫的前几天，《自由人报》的记者皮埃尔·卡雷——在我还是业余运动员时我就认识他了，我们私交不错——对我做了专访：纪尧姆·马丁，职业车手，哲学系研究生，闲暇时间撰写戏剧。那篇文章《马丁，自行车上的尼采》写得太好了，我没什么可补充的，甚至对作者展现出的哲学思想，以及对我的准确理解感到震惊。

紧接着，这篇文章登在了几家媒体杂志上，我接受了早间电台采访，有的记者想给我打电话做“专访”，还有其他的……简单地说，媒体围绕“睿智的车手”的形象对我进行了包装。

在这之前，我曾听闻一个对媒体中的独创性进行量化的科学研究。研究的结论让人震惊：发表在网络上的文章中，有64%都是简单纯粹的复制粘贴。研究者称，所有媒体前仆后继地相互抄袭。只要在知名网站或者报纸上出现一个信息就够他们四处传播了。而我，恰好被卷入其中。

奥林匹亚的记者招待会

运动员刚一落座，发布会就正式开始了。第一位记者出于礼貌，询问了希腊队准备工作的进展，而后就问了第二个问题：

“环法自行车赛，是所有车手向往的比赛。作为第一次参赛的车手，你们感觉如何？”

“在我这个年纪，以我的个人经历来说，是出乎意料的。”苏格拉底谦逊地回答。

“这个年纪的我可是前途无量啊。”亚里士多德信心十足。

而柏拉图呢，保持着一贯的沉着稳重，解释道，对他这个年纪的车手而言这场比赛正当其时。他还补充道：

“对很多人来说，自行车运动只限于环法自行车赛。大部分人并不知道，实际上，自行车运动的赛季中包含很多其他比赛！正如你们所知，闲暇时间，我管理着一个自行车运动中心，致力于帮助和训练来自希腊或者其他没有自行车运动文化的国家的年轻运动员。这些年轻人总问我，是否参加过自行车赛。我的回答是：是的，我参加过很多次环伯罗奔尼撒岛车赛。他们哈哈大笑，向我强调他们要问的是环法自行车赛，在法国举办的环法自行车赛。很快，我就可以荣幸地告诉学校里的那些年轻人：是的，我真真正正地参加过环法自行车赛！”

在记者记录柏拉图的轶事时，苏格拉底补充道：“我还记得，每一次比赛获胜后，为了让我永远不满足于已有的胜利果实，我的启蒙教练阿那克萨戈拉[1]总是对我说：‘冷静，只要你没参加过环法自行车赛，你就永远不是一个真正的车手。’明年7月之后，我终于可以说我是一个真正的车手了！”

记者们都笑了，这些希腊运动员让他们很满意。相比其他运动员，这三位有他们的独特之处，对他们的报道写起来得心应手。

之后又有两三个问题，关于希腊队第一次参加环法自行车赛的雄心壮志。这些问题快速结束后，一个年轻记者沉着地把话题引向了所有记者都关心的主题：

“我听说你们也是哲学家。虽然我们确实身在希腊，但是‘自行车运动哲学家’或‘哲学车手’这样的身份依然很独特。人们应该怎么称呼你们呢？‘车哲家’？”

这位记者看上去对他发明的这个词很是自豪。

“我们对哲学感兴趣，我们思考事物存在的方式，这不假，”苏格拉底回答道，“但首先，我们是车手。您也可以称呼我们‘柏拉图，亚里士多德，苏格拉底，这些车手’，我们对此并无异议。”

[1] 出生于爱奥尼亚的克拉佐美尼，古希腊哲学家、原子唯物论的思想先驱。——编者注

“你们过于谦虚了，说得好像将高水平的体育运动和修习哲学联系起来是一件微不足道的小事一样。可不能这么轻描淡写！”这位记者对刚刚得到的答案有些失望，坚持要问下去。

“关于这件事，”另一个记者补充，“你们会在什么时间修习哲学呢？你们能在骑自行车时思考吗？”

采访的走向似乎让苏格拉底有些不安。他渐渐发现，从受邀参加环法自行车赛的名单公布后，人们就开始用一种混杂着关注和迷惑的眼光看待他。

苏格拉底对等待回答的记者并不在意，他开始了对自我的审视。对他来说，哲学不是需要“抽出时间”来进行的活动……思考不是故意为之的，哲学是应运而生的。这是一种生活的艺术，一种思维的方式，与之相比，思考的内容并不那么重要。人们为什么不能理解这种思维方式与车手的生活并不排斥呢？

眼见苏格拉底陷入思考，亚里士多德接过话题：

“我们当然可以边骑自行车边思考。思考不受时间和地点的束缚，思考可以囊括一切。我甚至可以说：骑行有助于思考。福楼拜曾说‘人只能坐下来思考’，尼采反对这个观点，并提出‘只有前行时产生的思考才有价值’。而骑行则融合了尼采和福楼拜的观点，满足了他们两个人的条件：在骑自行车时，我们既坐着，又在前进！那么可以说，想要修习哲学，就骑自行车吧！”

尽管这些记者对亚里士多德引用的名人名言有些困惑，他们还是记下了这些惊人之语。可柏拉图似乎有不同意见：“亚里士多德，我不像你那么有激情。确实，骑自行车时，我们的思绪可以天马行空，这也会激发哲学灵感。但是，从一般情况来说，训练时，人很难集中注意力，沿着构架好的完善逻辑链进行严谨的思考。身体训练一定会影响智力活动。”

“我亲爱的柏拉图，我明白，对你来说，身体只是一个牢笼，一座禁锢着你的灵魂的坟墓。”亚里士多德激动了起来，“我知道，对你来说，感性只是理性的苍白反映。我知道，在你的生活中，运动占据了恰当的位置，它是你的爱好。你非常自由。但要知道，即使你不想参加环法自行车赛，还有很多年轻的车手做梦都想参加。不久之前，我还在学校里学习体育。我可以对你说，我们都是边骑车，边修习哲学。我们骄傲地称呼自己为‘逍遥学派’，我们是走来走去的哲学家，我们的思考因我们的运动而飞翔。如果我们在一个哲学概念上卡住了，就去骑自行车，等回来时就都想明白了。反之亦然，修习哲学让我们能相对地稍稍置身事外地审视自己的运动表现。在高中，我有很多朋友也认同这种哲学——以行动为导向的哲学。如果你担心参加环法自行车赛会妨碍你卓越的学术生涯，我可以给苏格拉底带句话，明年 7 月他们会很愿意照顾你的心情。”

“别说这些有的没的，亚里士多德，”柏拉图有点担心自己在队伍里的位置，还嘴道，“我当然非常愿意参加环法自行车赛，协助苏格拉底。我喜欢这项运动，它能让我更好地思考。训练产生的身体上的疲劳，能驱散身体的原始欲望——这些欲望有时让我深感困惑，我的思想也因此进步。各位记者，你们能理解的，对吗？”

突然被问到的记者们只能礼貌性地表达赞同。他们不仅没有全部理解，有的人甚至走神了，但是没关系：他们已经知道该写什么了。对自行车运动的思辨能力，这种对话的艺术（尽管有时有些尖锐），希腊人使用复杂晦涩的语句来表达自我的方式，这一切都足以引发热议。剩下的就只是如何撰稿了。

之后又有三名记者问了一些问题，来补充脑海中已有的想法。比如：运动员们在环法自行车赛的比赛间歇打算看什么书来消磨时间，哲学对制订比赛战略有什么帮助……亚里士多德和柏拉图轮换着回答，却互不理睬。而苏格拉底沉默不语，就好像不在场一样。实际上，似乎所有人都忘记了他的存在。

亚里士多德和柏拉图已经习惯了。他们深知苏格拉底时常会在解释到一半时突然停下来，“消失”了……他说，这是他的“心魔”在召唤他。而记者们忙于关注与亚里士多德和柏拉图的交流，根本没空关心苏格拉底。

可就在发布会即将结束，人们开始收拾东西的时候，苏格拉底轻轻地咳嗽了一声，狡黠地问在场的人：

“你们认为，我们是否有能力在环法自行车赛上挑战世界上最厉害的运动员？”

记者们先是很吃惊，随即用笑容表示自己听到了。这不重要，名不见经传的希腊运动员能组成队伍，参加世界上最盛大的自行车比赛，已经很不错了！苏格拉底的问题也让另外两名希腊运动员大吃一惊。而苏格拉底依然微笑着，不顾队友投来的制止的目光，冷静地重复了自己的问题：

“亲爱的朋友们，你们觉得，我们是否有能力在环法自行车赛上挑战世界上最厉害的运动员？”

苏格拉底，作为哲学家，不喜欢回答问题，反而更喜欢提问。

苏格拉底，作为车手，不喜欢人们过多关注他车手和哲学家的双重身份。他希望，人们能根据他在运动场上的表现来评判他。

他决定了，为了明年 7 月能跟参加环法自行车赛的优秀运动员竞争，要加倍训练才行。

我为什么要在这？
我为什么要面对这
群愚蠢的记者？
骑行有助于思考，
想修习哲学，就骑
自行车吧！
你们什么时候能修
习哲学？你们骑自行
车时能思考吗？

我为什么要写这本书

实践出真知。

——亚里士多德

我不是在抱怨。第一次参加环法自行车赛时，我很享受这个突如其来的展示机会，尤其是它给我带来的小小曝光度，这让我变得更出名。毫无疑问，有时候，甚至我自己也有点过度吹嘘“车哲家”这个身份。我很喜欢这个身份，更不用说我接触到了某些知名“作者”，并享受到了他们撰写的故事带给我的“光环”。

我很喜欢这个游戏，可很快我就觉得无聊了。我意识到“有些”记者想要（或者是打算）简单地复制一遍《自由人报》上刊登的第一篇文章。他们向我提出的总是差不多的问题，甚至是那些皮埃尔·卡雷不久前才问过的问题：“你骑自行车时都想些什么？”“在你的自行车职业生涯中，哲学给你带来了什么？”“你将带什么书到环法自行车赛场？”“每个赛段后你还有时间阅读吗？”等等。

我理解，车手的日常生活和感受很吸引人。问题是，大部分的答案已经写在最初的那篇文章里了，这些采访我的记者可以很明确地在其中找到可以引用的内容。他们期待我给出不同的答案吗？在我要带到赛场的三本书里，根据我的想法和我对采访记者的感受，我当然可以将一本书放在另一本之前。但是总体来说，我的回答总是一样的，有时候连措辞都一模一样。

人们常常将自行车运动员比作一台机器。事实上，只有在运动员面对相机和话筒的时候，这个比喻才有意义。面对某些流水线一般的提问时，人们会不可避免地堕入机械行为主义的程式：采访过程中，根据已建立的个人算法，由什么样的问题导出什么样的回答。以前，电影做巡回宣传时，那些演员不厌其烦地重复着同样的轶事，我还曾嘲笑他们。而现在，我能理解他们了。在这个过程中，娱乐媒体提供的都是平淡无奇、毫无价值、粗制滥造，甚至毫无个性的内容。

但我还是要说，我也曾经享受过环法自行车赛带来的曝光的好处。特别是，通过队报的重要人物、格拉塞出版社的作者菲利普·布吕内尔，我和格拉塞出版社取得了联系。到达香榭丽舍大街的第二天，我来到这家出版社与他们会面，他们提议我写一本书，并向我保证书的形式和内容都完全由我决定。我很快就接受了这个提议。准确地说，我看到这是个机会，能让我跳出机械的逻辑和采访的算法，更细微地、更鲜明地来表达自己。

为什么写这本书？首先，是为了探讨大众看待运动员的方式，尤其是看待车手的方式。大众的看法常常让我觉得太过片面且极端。

如今，所有对体育赛事的展示都像一场盛大的嘉年华，我们这些运动员就是吸引游客的主要娱乐设施。让我再强调一遍，处在所有关注的中心是一件很吸引人的事，肯定有好处，也肯定有坏处：环法自行车赛期间，伴随着外界围绕运动员的躁动，有时候这场“7月的嘉年华”给人们一种“运动员只是待价而沽的商品”的感觉，他们的价值被数量有限的陌生人决定了。

日默内在山上完成了一场盛大的冲刺？这是一名出色的运动员。奥卡纳不走运，在一个曲折的斜坡上摔倒了？这是一名不擅长下坡的车手。费格农戴眼镜？这是车手中的学霸。无论是环法自行车赛还是一般的体育运动，人们都喜欢将运动员类型化、标签化、普遍化。

大多数情况下，由于运动员曝光在大众面前，他们的形象都遭到了歪曲。奇怪的是，有时候，很多运动员会无意识地按照人们给他们贴的标签来表现自己——那些标签成了恶毒的自动实现的预言——从而越来越贴近这种印象。为了确保自己作为出色运动员的地位，日默内应该在长时间内不断再现这种冲刺，直到最终失败的那一次；费格农应该向智者学习；奥卡纳，由于没有自信，变得不擅长下坡。就是在这样的引导下，观点变得越来越根深蒂固。

最终，每个人都会发现自己戴着面具，把真实的一面隐藏起来，展现的都是虚幻的东西，人们永远不知道去哪里寻找真实。

我们要明确一点：我承认这一切都是一场游戏——自行车比赛本身，围绕着它的媒体的过度包装，参与到这项盛事中的众人，等等，只要所有人都了解这些规则。我很愿意被当成一个菜市场里的怪物，但要知道理由。粗暴的概括和成见中也包含一部分的真相，对此我并不完全否认。但要知道，那些只是部分真相而已。

当我们说一个人“是这样或者那样的”的时候，我们要知道，这样描述只是一种语言表达方式而已，我们使用的这个“是”只是出于方便。因为与物品相反，人们并不“是”生下就定了型，而是后天逐渐形成的。只有在某个人死亡后，人们才可以确切地说他“是”什么。人们不是生下来就是车手或者哲学家，又或者是车哲家；是在后天逐渐形成的。

一旦接受了这个先决条件，就可以从身份中获得乐趣。扮演车哲家成为可能。一概而论的、具体化的，甚至是带有偏见的戏耍也成为可能。由此也必然会产生一些东西：真相、问题、阐释和幽默……

在这几页中，有些读者可能认出了萨特或者西蒙娜·德·波伏娃某些思想的影子。事实上，贯穿这本书的正是哲学问题。对这个普遍晦涩的领域毫无了解的人不必害怕，认为萨特是一个车手的人也不要觉得自己被拒之门外。尽管哲学总给人一种严肃的感觉，但它也是一种游戏形式。这本书也是如此。

骑还是不骑，这是个问题

1 月 26 日，星期四，7 点半，距离环法自行车赛开幕还有 6 个多月。车手已经起床了，准备完成“过渡训练期”的最后一次强度训练。下周日，他们将要参加本赛季的第一场比赛：双钟大奖赛。

醒来时，他的腿有点刺痛。这也正常，前一天晚上，他跟随摩托车进行了特别训练。他还要带着疲劳完成最后一次复杂的训练，不应该过分关注这种小事；他也希望能够在开场赛上展现自己，期待超量补偿机制能够像之前一样良好运转。为本赛季开个好头很重要，这是动力问题。

为了避免头晕（车手很容易犯低血压），他慢慢起床，称体重（61.2 公斤：一如既往的精壮！），研究自己的腿（静脉有些突出，这是个好迹象），之后像往常一样，打开百叶窗观察今天的天气。见鬼！不仅下雨，还刮风——可怕的暴风雨，简直是灾难。他打开了手机上的气象软件：一整天都是倾盆大雨。昨天可不是这样预报的！天气预报一直都这么不可靠……

骑还是不骑？这是个问题。肯定还是不出去比较明智。狂风大作，肯定很快就摔倒了。赛季开始之前，还是不要冒生病的风险。可天气干燥的时候，又很容易感冒……

那一天的训练计划上，写着“强度训练”；而我们的车手一个令人尊敬的优点，就是永远遵守训练计划。他告诉自己，意志是最强大的品质。他告诉自己，当他的竞争对手在睡觉或躺在沙发上享受温暖的时候，他在外面训练，忍受狂风和寒冷。他告诉自己，今天的痛苦会造就明天的成功！

突然，大风吹得墙壁都有些摇晃。最后，他还是决定在室内训练……也许过一会儿天就晴了。

训练开始之前，甚至在吃早饭之前，车手就已经在室内健身车上空腹进行了 40 分钟的低强度热身。

室内健身车训练的方式很简单：自行车固定在一台机器上，通过一个固定在后车轮上的传送带,模拟在马路上骑行。好处是，人们可以待在温暖的室内，在地下室训练。不便之处则在于，对着停车库一成不变的大门骑自行车容易厌烦，非常无聊。

不过有很多经典的方式可以排解无聊。第一种方式是骑自行车的时候看部电影，更好的选择是看一集和训练时间一样长的电视剧，大概 40 分钟。问题是，为了观看方便，人们总是要浪费 40 分钟来安装电脑，当把电脑的屏幕调整到合适的位置时，人们又会发现，除了车轮的噪音，什么都听不到。

因此，车手常常选择第二种排解方式：

把耳机和一种可以放在口袋里的老式 MP3 连在一起，在

MP3 里添加一个特殊的播放列表——“室内训练”。训练时戴着耳机听音乐，让音乐声盖过室内健身车的声音。

可是我们的车手没有 MP3，他毫不迟疑地去找妹妹的 MP3。他架设好室内健身车，漫不经心地骑着，翻看着 MP3 的播放列表。完全不出所料，妹妹的喜好刚好和他相反！凯蒂·佩里、马特·波卡拉、贾斯汀 · 比伯、肯吉……哦不，这不可能！他今天已经很艰难了。与其听这样的音乐，还不如忍受无聊，忍受寂静。

不过，这位车手和其他人不一样——他是一位车哲家！他倾向于最后一种排解方式：

收听法兰西文化电台！他开心地在 MP3 上寻找正确的频道：NRJ[1]（只有流行音乐），不对；娱乐频道，不是；怀旧金曲，为什么不呢……还是算了。啊，找到了，法兰西文化。搞定了！8 点的早间新闻已结束，现在是弗雷德里克 · 赛斯的政治讽刺时间。今天，他谈论的是政府提出的新能源方案。人们都在讨论这项野心勃勃的计划——提升家庭内部自给自足的能力，比如，在每台新买的电视前安装一辆能发电的动感单车。这项举措有双重目标，一方面是获得一种全新的免费能源，另一方面是改正过度用电的行为。我们的车哲家觉得自己义不容辞，并为骑行时浪费掉的能量感到有点儿遗憾。

之后是特邀嘉宾的《法兰西文化之晨》时间。交通运输部长

[1] 是法国最受欢迎的广播电台之一，以播放法国流行歌曲为主。——编者注

被问及一项法案，该法案禁止在行驶里程少于15公里的时候使用有污染的交通工具,并鼓励那些“对环境友好”的交通方式——尤其是自行车。很明显，今天早上，我们的车哲家感到很荣幸!

总而言之，空腹室内训练一转眼就结束了。伴随着早间主持人纪尧姆·厄内热情的声音，车哲家轻松地踩着踏板，毫不费力地骑着，40分钟很快就到了。

体力活动麻痹了饥饿感，但是现在它猛烈地卷土重来。车哲家简单地洗了个澡，换了衣服，就朝着冰箱走去，冰箱里有正等待他享用的奖品：前一天准备好的燕麦片。是的，前一天就准备好了，因为豆浆需要时间让燕麦膨胀，以提供更强烈的饱腹感。

要知道，车手同时也是营养学家，我们的车哲家就是个好例子。如果他在燕麦片里加奇异果的果肉，是为了摄取这种水果中富含的维生素C。如果他在碗中放半根香蕉（不能太多，因为香蕉含有大量的糖分），是为了确保钾的摄入。如果他加核桃和杏仁（同样不能太多，因为这些食物含有大量的脂肪），显然是为了获取它们的ω-3。而后他又有节制地在米饼上抹了一些黄油和果酱。他贪婪地把这些吞下去,并喝了一杯生姜柠檬水润喉(他既不喝茶也不喝咖啡，因为这两样东西会阻碍铁的吸收)，然后休息几分钟，翻看一下每天早上都会收到的报纸——《世界报》和《队报》。

他时不时无意识地扫向窗外，希望出现奇迹，换句话说，期待天气放晴。仿佛自行车之神显灵，就在车哲家喝完最后一口饮料的时候，一缕阳光拂过他的脸。哈利路亚！可以到马路上骑车了！

车哲家赶紧给他的教练打电话：考虑到天气影响，今天早上他还做了 40 分钟热身，腿也有些痛，是不是可以等一等再外出训练……教练的回答是："不行。你要像计划的那样完成两个半小时的训练——热身之后，是 10 分钟的低速运动，阈值约 330~340 瓦；之后是 10 分钟休息；接着是两次 8 分钟的 30/30 最大有氧能力[1]训练，中间有 6 分钟的休息；最后，用一段长距离冲刺来清空精力，没问题吧？""好的，教练。谢谢教练。回头见，教练。"

车哲家没有在电话中表现出情绪，但是挂掉电话之后，他感到了些许亢奋：他知道自己要吃苦头了。车手分为两种：一种有"拖延症"，会尽最大可能推迟开始骑车的时间，等精神上充分准备好，再接受下一段的训练（或者是折磨）；第二种运动员则会马上出发。

我们的车哲家属于第二种。他一想到这场训练将展现自己的战士之魂、胜利者之魂以及环法冠军之魂，就感到无比快乐。但在内心深处，他也不会自欺欺人：他对接下来的训练有些担心，想要尽快结束这场痛苦——天可不会一直放晴。而且很快就要到

[1] 指达到最大摄氧量的能力，是自行车运动员在氧气消耗达到稳定的最大值时，有氧能力的极限值。——译者注

10 点钟了，也就是法兰西文化频道的《哲学之路》时间。

作为止痛良方，收音机在外出训练时也有它的职责。这个节目可以转移车哲家对大腿疼痛和胸腔剧烈挤压的注意力。

就这样，车哲家用最快的速度穿上他的自行车运动专用裤（这次穿的是长裤），然后依次套上长袖紧身内衣、内穿夹克、防水夹克、无袖马甲，还在口袋里装进一件薄尼龙风雨衣，以防雨下得太大。糟糕，忘了心跳检测器……于是不得不反向重复刚才的步骤，把所有事项重新处理一遍。接下来是头盔、手套、鞋子和鞋套（四肢是车手最脆弱的地方）：都穿好了。多功能钥匙、爆胎时必要的修理工具、电话，尤其是妹妹漂亮的 MP3。车哲家终于整装待发，可以骑着他的爱车向前冲了。虽然马路还是湿的，但是雨已经停了。

运动员应该有强大的意志，今天的痛苦会造就明天的成功。
不出去比较明智，这种天气出去容易感冒或摔倒。

身体的智慧

> 为什么足球运动员都这么傻？因为他们把时间都花在了追着球跑上面，而不是问为什么要这么做。
>
> ——科吕什

人应该一直让自己处于思考状态吗？就好像身体不能满足自我一样。仿佛精神总是高高在上，厌倦了在消耗体力时无法思考……

对我来说，骑自行车的时候什么都不能想。听收音机也是左耳进右耳出。就算思考，也只是胡思乱想。当我训练的时候，灵魂会开小差——这有点像胡说八道。我会进入半意识状态，15分钟，半个小时，1个小时……而后我“醒”来，发现已经骑行了30公里。我顺着设想的路线，以普通的速度前行，遵守道路交通规则，仿佛我的意识在掌控我的行为，只是我并没有意识，而是身体在自行运作。

我们有时也听说，当节奏和疲倦让田径运动员感到平静和惬意时,他会出现精神恍惚的特殊情况。他会像醉酒一样忘记自己，在运动释放出的内啡肽的作用下，“脱离自我”。痛苦当然存在，但几乎不会被注意到，而是随着体力的消耗被吸收掉了。

我骑自行车时的感受和这很类似。这种“车手的恍惚”以出乎意料的方式突然发生，把我从自我中抽离，或者说，把我从我的脑海中抽离。耐力运动中出现的恍惚，是身体和当下的回归。尼采说这是酒神狄俄尼索斯[1]式的永恒轮回[2],是对生命的伟大的接受，意味着所有存在的事件，包括伤痛与苦难，都是无限轮回的。我认为,这是身体不需要灵魂就可以前行的最基本的证明。

但是，回到科吕什的话，我得承认，他对运动员的嘲笑也不完全是胡说八道。在他看来，运动员做傻事时不会探究这样做的理由。身体上的活动并不能促进我们的自省，这是事实，也是学生时代我们所受教育的结果。可这是坏事吗？其他形式的智慧也存在，尤其是关于身体的智慧——运动员每天都在日常训练中体验着的智慧。

在大众眼中，体育训练常常是没有学识甚至虚弱的代名词。我承认，当人们看着洛奇，也就是西尔维斯特·史泰龙，这名拳击手在台阶上跑上跑下，又不知道他为什么这样做的时候，当然无法认识到他的聪明之处。在环形跑道进行训练的中长跑运动

[1] 在《悲剧的诞生》中，尼采利用来自古希腊神话的酒神和太阳神代表二元对立的精神范例。酒神精神的精髓在于：“既然宇宙生命本身生生不息，个体生命稍纵即逝，那么，要肯定生命，就必须超越个人的眼界，立足于宇宙生命，肯定生命的全体，包括肯定其中必定包含的个人的痛苦和毁灭。”（摘自周国平《尼采：在世纪的转折点上》）酒神对应着感性，象征着“激昂的生命、运动的欢愉、狂热的激情与神秘的灵性”，以及直面艰险的勇气。——译者注

[2] 尼采在《查拉图斯特拉如是说》中提出的哲学观点，表达对生命的热爱，无论生命重复多少次，也愿意接受。——译者注

员，就像笼子里的仓鼠，游泳运动员在积累里程时也是如此。当然，其中确实有一些动物性甚至是兽性的行为，但兽性就一定愚蠢吗？尽管体能训练看上去非常低级，但实际上也是包含着真正的智慧的。

当车哲家出发

第一圈开始。要尽快让机器运转起来，调整节奏。啊，是阿黛尔·范雷埃特，《哲学之路》的优秀主持人！节目刚好开始。今天的内容，是笛卡尔哲学中身体和灵魂的统一问题——和现实息息相关。车哲家用缓慢踩踏板的方式代替热身运动，比空腹训练时的频率稍快，阿黛尔在这时介绍了主题：

“《第一哲学沉思集》经常作为笛卡尔身心二元论的例子被提及。‘思考’‘形而上学’……这些都让人们想到，为了精神的利益排斥身体、物质、空间。然而，与前面五种沉思不同，第六种沉思试图讨论身体和灵魂的统一问题，这个问题直到今天都还在讨论。为了呈现笛卡尔提到的身体和灵魂的统一问题，今天我们邀请了一位嘉宾——夏尔·德圣塔克埃尔，他是新索邦大学[1]的讲师，法兰西公学院的讲师，知识研究所常任理事，还是普辅出版社出版的《笛卡尔，身体，灵魂及其他》一书的作者。在开始讨论之前，让我们先来听一曲比莉·荷莉戴的《身体和灵魂》。”

---

[1]即巴黎第三大学。——译者注

车哲家听着比莉·荷莉戴美妙的嗓音。天气不错，感觉很舒服。骑车的人不禁被节目吸引，几乎忘记了还有一场艰难的训练在等着自己。歌曲结束了，圣塔克埃尔的声音唤醒了他，提醒他看计时器。热身结束，一长段上坡出现了，这正是进行第一场练习的时机：10 分钟的低速运动。

最开始，车哲家的思考还能跟上讲师的论证。圣塔克埃尔解释说，在笛卡尔哲学中，身体和灵魂的区别是为了证明它们的统一性，事实上，对更具象、更具有“时间性”的科学研究来说，形而上学只是绕远路罢了。但大约 5 分钟之后，车哲家不得不更加努力，好让自己坚持下去。强度还是一样，但是感觉更加辛苦，随着时间的推移，身体越来越疲劳。讲师的话语也不再清晰。车哲家的精神变得恍惚……圣塔克埃尔现在在讲述想象和概念的区别。加油，还有 3 分钟，只有 3 分钟……

让我们来看一下《沉思集》，里面提到的区别更加明显：

“例如，当我想象一个三角形时，我不仅把它构想成一个由三条线和其中的空间组成的图形，还把这三条线看作是我灵魂的力量和内在体现；这就是我所说的想象。如果我试图想象出一个一千边形，我会把它理解成一个由一千条边组成的图形，这和我认为三角形是一个只有三条边的图形一样简单。但是我不能像想象三角形的三条边那样想象一千边形的一千条边是如何组成的，也不能用灵魂的眼睛看到一千边形的现实。”

车哲家，毕竟是个车哲家，一点都没有听懂。现在要下坡了，他的眼睛里空空如也，只为训练结束了感到开心。而且不管怎么说，下坡时一旦车速加快，由于风的影响，就什么都听不见了。

让头脑清醒了一会儿之后，他已经身处平地，重新开始思考这个哲学问题。“实际上，想象和概念之间的差别，正是灵魂存在的另一个现实证据。”阿黛尔·范雷埃特以天真又谦虚的口吻说道。

车哲家并不了解这种差别，所以他显然很难理解这种联系……而正当他要继续思考时，发现 10 分钟的休息时间已经基本结束了，现在要进行下一步练习：8 分钟的 30/30！

30/30 的规则很简单：30 秒时间的深度训练和 30 秒的休息交替进行，一轮一般持续 8 分钟，一共要做 2 轮……难度系数很高。更难的是开始下雨了。圣塔克埃尔开始严肃地敲击我们车哲家的节奏，这真是雪上加霜。

车哲家感觉到讲师正用学究一般的口吻嘲弄他，还明确地说：“尽管是精神感知到了疼痛，但疼痛也是我们拥有身体的证明。”这简直胡说八道！当车手听到“我思故我在，因为我能感受到我所感受的东西，所以我才存在”时，就变得很烦躁（身体上的疼痛让他更容易烦躁）。

车哲家感觉到愤怒席卷而来。但至少，这种烦躁并不是毫无用处：车哲家将他的愤怒转移到踏板上，这有助于完成训练。

但是他对第二轮练习有些担心，尽管自己很好地完成了第一轮。与此同时，风雨又再次袭来，这对他没有任何帮助。伴随着音乐——警察乐队的《痛苦之王》，他没怎么恢复体力，就重新开始了训练。前三个 30 秒的间隔，进行得很顺利。但是，在第三个 30/30 的 30 秒休息时间里，疲倦和暴风雨同时向他袭来。也正是这个时候，夏尔开始讨论“两个我”：“实际上，自我包含两个层面。上层，有一个‘我思’的我，是怀疑的我（‘这正是当下的我，一边休息，一边思考自己是否要完成这个练习。’车哲家自言自语道。）；然后是真正的我（‘好了，30 秒的休息结束了，要重新开始了。’）——那个感受到的我，有所体验的我，也是真实的我。”

在第 4 个 30/30 结束后，车哲家已经不怎么听收音机了。或者说即使听了，也是左耳进右耳出。当然，狂风暴雨的嘶吼影响了他的听觉。还有自行车的杂音，这台两个轮子的可怕机器在车手的沉重踩踏下扭动着。这种强度的运动和体力消耗让他头晕目眩，几乎进入了无意识状态。

车哲家认为这是灵魂的问题，就像某位水手在简单的仪表盘的帮助下引领着船一样。这对他毫无意义。他已经失去了思考的能力，不知道谁在辩论什么，谁在提问，谁在回答。他听到的只是词语本身，而不是它们之间的联系。都是些纯粹的空洞的声音。

他在自行车上像魔鬼一样挣扎，这些声音始终陪伴着他，抚慰着他。完成第 8 个，也是最后一个 30/30 的练习后，他进入了第二种状态：眼前一片模糊，周围渐渐暗了下来，浑身发麻，还有恶心和想吐的感觉。

肯定是早餐后训练开始得太快，于是产生了低血糖反应，很正常，业余的人常犯的错误。这都是为了听电台节目，可他也只是断断续续地听着，还不能完全理解！他还剩下一个长距离的冲刺要完成，来“清空精力”。它们已经快空了……在纸上，这个冲刺练习是最简单的。但是现在，他连呼吸都困难，更别提骑车了……

然而，他不是那种会自我放弃的运动员。无论教练计划了什么东西，他都会执行到底。于是他喝了一口运动饮料，用两三分钟的时间集中精神，准备释放最大的能量，完成不那么合格的冲刺。他隐约注意到阿黛尔·范雷埃特读完了笛卡尔书中将人比喻成钟表的段落。这让他发笑，极度饥饿则让他更容易发笑。当他听到“患水肿的”这个词时，突然哈哈大笑起来，尽管他不是很清楚这个词意味着什么。

他一边大笑，一边在形成了积水的路上冲刺。他猛踩踏板，尽可能和雨的速度保持一致。考虑到外部环境，这场冲刺看上去很荒谬。但是我们的车哲家却觉得自己充满了力量，就像一台要爆炸的机器。他的身体在可怜的自行车上左右剧烈摇摆，以至于运动服后面口袋里的 MP3 也受到了影响。调频按键被压住了，车哲家耳朵里只能听到吵闹的沙沙声。他嘲弄地说“这也不错”，他听到的最后一句话则是“我和我的身体是一个整体”。

他的精神完全陷入了恍惚，是一种体能耗尽后的恍惚。他几乎像受虐狂一样享受着这一刻的快乐，又平静地骑了一小会儿，不在乎时间的流逝，也无视了持续肆虐的暴风雨。在这段时间里，他的灵魂在飘荡，甚至没有注意到一直陪伴着自己、从MP3中传来的沙沙声。

车哲家骑着自行车，自言自语，当身体无比难受、大腿像火烧一样、气喘吁吁的时候，很难进行哲学思考。当饥饿困扰着你、脱水注视着你的时候，理智也只能保持沉默（他想起“患水肿的”也指一个人总是觉得渴，这又让他笑了起来）。天气寒冷时，写作成了一种挑战。极度疲倦时，阅读都是煎熬。

车哲家一边骑车，一边告诉自己：总体来说，面对自然而迫切的生理需求时，思想不堪一击，而且微不足道。这是一个问题吗？要穷尽一切手段来驯服这个沉重的物质，阻挡真实的自我——灵魂起飞吗？“我和我的身体是一个整体”——他咀嚼着这句话。或者应该理解为：真实的人首先是一个躯体，这个躯体以自己的方式思考，同时消费着自己——这是个“活的”躯体。

不过，这位车哲家是谁？是尼采吗？

——为什么不呢？

冠军的背后

> 这个人醒了，这个人知道自己醒了，并且说："我是完完全全的身体，再无其他；而灵魂则是一个用来形容身体才能的词。"身体就是极大的理性。
>
> ——尼采

体育运动具有两种形式的智慧。首先，是我们称之为"理论"的智慧，即纯粹的思考，也就是顺利完成比赛所需的全部知识：对规则的了解、对对手的分析、战术的学习，等等。

此外，它展现了另一种更加零散，但也更为重要的智慧：被称为"实践"的智慧。与理论智慧不同，实践智慧在很大程度上是无意识的，是运动员面对既定情况时做出反应的本能。将之与哲学进行对比，我们可以说，如果理论智慧是理解问题时必要的推论和知识，运动员的实践智慧就是哲学家面对问题时的直觉。

现在，我们要明白，一个不再阅读的哲学家会渐渐丧失理性思考的能力，同样，运动员也应该持续提高自己在这两方面的智慧。这正是训练的意义。

理论知识是相当简单的：了解规则的变化、分析对手以及思考阻挠他的方式，这就够了。通常来说，教练或是运动指导负责这些确切的工作，而后给出一份总结，比如一段视频。运动员只需要将这些新的信息纳入大脑即可。

而另一方面，对于实践智慧，教练只能用语言指导，再靠运动员的身体完成训练。这就意味着，在训练中要不厌其烦地重复相同的动作，直至达到精通的程度，即无论在什么情况下，都能立刻作出反应或采用完美方式应对。

换句话说，通过训练，运动员需要将某些动作融会贯通，使其成为近乎自动的行为，如同本能一般。以游泳运动员为例：运动员在游泳池内进行长距离训练，一定不是为了模仿仓鼠，而是为了成为一条鱼，从人变成水生生物。同样，车手积累骑行时间，不只是为了强化基本的生理能力，更是为了提高踩踏板的效率，让这一动作变得更加流畅，将自身与自行车运动融为一体。如今非常流行的本体感觉[1]练习，同样是用这种方式进行的：通过平衡运动之类的练习来唤醒肌肉和关节的感觉神经，对运动员来说，这意味着提高身体的反应能力（在危急时刻非常有用，比如摔倒的时候）。

所有这些例子说明了什么？身体是聪明的，尽管拥有明确目的的训练总让我们忽视这一点。更准确地说，通过训练，是身体自己学会了如何更加良好地运转。理论能力并不是从头脑垂直传达到身体的，我们处在一个生理自我教育系统中。

[1] 又称肌肉运动知觉，是一种对肌肉各个部分的动作或者一连串动作所产生的感觉。——译者注

与科吕什的言论相反的是，运动员通过训练，成功地发展出了另一种形式的智慧。但也不要责怪这位幽默大师，因为这种智慧确实难以察觉，而训练的目的恰恰是为了掩盖这种智慧。融会特定动作的训练，是为了让这个动作变得容易，容易到它看起来非常自然，而这需要几年甚至几十年的日常训练和思考。

这样的动作如此自然，看起来带有些动物性，经常会引起自认为优越的观众的讽刺和嘲笑。然而，这种运动动作有时又是如此完美，如此纯粹，以至于它所体现出的实践智慧会让观众眼前一亮。这样的例子很罕见，也很特殊。这是运动天才的杰作，也是冠军的杰作。

后者以其综合运动本质的能力而著称。当众多运动员、体育工作者奋力拼搏时，冠军，或者说富有创造力的人，却让一切变得简单，非同一般的简单：马拉多纳从一众防守者中突出重围；博尔特在奥运会百米决赛上迈着小碎步；恩奎皮尔[1]在轻抚踏板……

所有的冠军都会在比赛中表现得很轻松，轻松到似乎他们从事的运动很容易，以至于人们可能会认为只要有天赋就能达到这样的成就。然然而，恩奎皮尔在领跑摩托车后骑行了数公里，才让踏板蹬起来圆滑；年轻的迭戈[2]也要积累球技才能成为“黄金左

[1]法国自行车运动员，在1961—1964年连续四次获得环法赛冠军。——编者注
[2]即迭戈·阿曼多·马拉多纳。——编者注

脚”；如果尤塞恩[1]只靠自己的天赋，能成为“国王博尔特”吗？

每一个冠军背后都是训练。运动员的完美身体不是上天赐予的，而是经过长年累月精心策划的系统训练构建起来的。毫无疑问，当观众惊叹于一场精彩的体育赛事时，并不会称赞自然之母；他看到的是达成这一成就所凸显出的实践智慧，他被身体的聪明迷惑，它在冠军身上得到了最完美的体现。

运动可以转化为艺术。身体活动可以成为美的体现。拳击——既然我们先提起了它——它不是就被称为“高贵的艺术”吗？只要在拳击场上针锋相对的是冠军级的运动员，这种说法就并无不当。而两名普通的拳击手再怎么奋力搏击，也不过是场对抗而已，再无其他。当然在这种面对面的运动背后，是身体的智慧，但说实话，这项运动太易于用眼睛观看，动作的冲撞性太强，从中不容易看出智慧，只能看到野蛮的暴力。而另一方面，穆罕默德·阿里和乔·弗雷泽[2]的相遇，就变成了一场美妙的芭蕾表演。暴力和痛苦一样，都没有消失，却得到了升华和美化。观众被搏击的力量吸引，被流畅的动作和两具身体为击败对方所展现出来的智慧深深吸引住了。

值得注意的是，冠军身上也有艺术的基因。在阿里身上，可以看到达·芬奇的影子。对达·芬奇来说，艺术是一种“精神上

[1]即尤塞恩·博尔特。——编者注

[2]美国拳击手，世界上第一个击倒拳王阿里的人。——编者注

的东西”，而对运动员来说，艺术是身体上的东西。

这正是问题所在：在大众眼中，体育在今天并没有获得该有的尊严，因为体育是一种物质活动，低级的物质活动。几个世纪以来，修道士和哲学家向我们反复灌输一种理念：身体和灵魂是完全分开的两种物质，两种不同性质的物质，其中一种——身体是容易腐烂和邪恶的，而另一种——思想，或者说灵魂，则是永生的，高级的。尽管现代体育运动的出现促使人类对身体进行了一定程度的价值重估，但人们依然认为身体是一台机器，虽然复杂，但若没有了思想这个带路人，它就什么都不是。

这种身体和灵魂之间的分裂仍在持续，即使是在体育场上，观众——那些单单拥有头脑和理性的人——仍然认为自己比运动员优越，因为运动员只有身体。冠军当然受人敬仰，受到赞美甚至崇拜；但如果他们能在不损害粉丝自尊心的情况下做到这一点，只不过是因为粉丝只把运动员看作一个运动着的物体，一个东西。

然而，竞技者和观众并不属于人类中的不同类别。经常被过度物化的运动员值得重新获得一个更受人尊重的地位，作为运动员的地位，作为身体艺术家的地位。

希腊队有了追随者

高水平运动员的日常生活不只限于比赛和训练。对健康生活方式的尊重——营养学、伸展四肢、睡眠等——都是这个职业不可分割的一部分，它和对媒体及公众的关系管理同样重要。

而对于最后这一点，不得不说，柏拉图毫无经验。从宣布参加环法自行车赛开始，他就不得不面临新的责任。在比赛之前，人们索要他的签名照，而在以前他是完全被忽略的。人们在他结束训练之后鼓掌，甚至拦下他一起拍照。社交网络上的信息快把他压垮了——鼓励，祝贺，甚至索要装备……一夜之间，人们对他的看法已经变了。或者更确切地说，人们终于开始看他了。年轻的希腊车手现在是个名人了。

柏拉图想要让所有人高兴，于是接受所有的请求，和粉丝互动（毕竟，在他眼里，对话难道不是最重要的事情吗？），但是也要确保自己休息的时间，更不能影响训练。所有新兴媒体，和它们带来的一切，柏拉图都要去习惯。相应地，他要学着规划自己的时间，也要学着面对那些最为疯狂的信息。让我们看看社交媒体“脸书”上的留言：

普罗提诺[1]，3月15日，星期三，22点38分：

柏拉图：

我对你的经历非常敬仰，在你刚开始进入自行车运动领域时，我就开始关注你了，尤其在你宣布要参加下一届环法自行车赛之后。能够参加如此伟大的赛事真令人高兴！尤其是你还很年轻。在你面前，是漫长而又辉煌的职业生涯。我毫不怀疑，如今作为模范队员的你，会成为当之无愧的下一任领袖，创造希腊自行车运动史上的新篇章:)

我对你印象最深刻的地方，不是你非凡的身体条件。在我看来，你实际上只是一个平凡人。你真正值得称赞的地方，是你有能力将智力生活和运动实践联系在一起，简直就像完美的炼金术。你比其他人更明白“单纯的身体什么都不是”，不过是“灵魂的坟墓”。如果你是强大的——宙斯知道你的确如此——那是因为你的身体得到了灵魂完美的指引。卑贱的身体的憧憬，情感和感觉——这一切只有在得到精神指引的时候才有意义。如果这些东西具有正确的顺序，达到平衡，灵魂就不会受到阻碍，就可以自由地思考。每个人都有自己的草场，山羊会被看护得很好！

请原谅我这拙劣的押韵。你深深地启发了我……你启发了我，

[1] 生于埃及，古罗马时期唯心主义哲学家，新柏拉图学派著名的代表。——编者注

以至于我想要追随你这个榜样。几个星期前，当我在电视上看到你们在环阿曼自行车赛上卓越的集体表现时，我决定投身于自行车运动中。我以最快的速度买了自己的第一辆自行车，从现在开始，我就在埃及的家里“雕刻自己的塑像”，以达到足够的水平，这样我就可以在7月的环法自行车赛陪伴你了。你觉得组建一支希腊－埃及联队怎么样？“希腊队有了追随者，一位新哲学家参与进来”——我发誓这个设想一定会实现！

当然，实际上我才刚刚开始……但这不要紧。重要的是头脑！对于这一点，我是个傻瓜！（再次对这一新押韵道歉）XD

普罗提诺#车哲家，#柏拉图的粉丝

普罗提诺，3月16日，星期四，23点49分：

柏拉图：

很抱歉又打扰你了，但是我很惊讶你还没有回复我，也担心你曲解了我的话：“雕刻自己的塑像”。我向你保证，这只是一种说话方式。实际上，我知道身体只是一件艺术品，别无其他。运动员的目的不应该是通过训练改变自己的身体，就像那些愚蠢的拳击运动员和健美运动员所做的那样。

雕塑，针对的当然是灵魂。这是最值得塑造的。对灵魂来说身体的消耗只是一种获得平静的方式，它借此一步步重回开始的地方——智慧（也正是从最初的实体[1]演变而来）。太一[2]，即善。训练，则通过让身体缄默来净化灵魂。最终，将身体与灵魂分离，赋予灵魂更加明确的任务，这样就可以完全地做到灵魂出窍，让灵魂从肉体中解脱[3]，思考创造了神圣，继而带来自省。至此，“超越一切而又文明的”灵魂在天然的本质中显露出来，在闪耀而纯粹的美德中显露出来。

这一切都显而易见，而你也完全明白，因为我觉得你就是这样的，因为你每时每刻都在体现它。

我希望你有空的时候可以回复我。

亲吻，<3

普罗提诺，《九章集》的作者

柏拉图，3月20日，星期一，8点18分：

普罗提诺，你好：

首先，感谢你的留言。很抱歉没能早些回复。最近我的时间表太满了……

我深入思考了你提出的关于训练的概念，我得对你说……我没看到什么有价值的东西！关于太一的故事，实体、净化的故事，

[1]实体（hypostases），普罗提诺常用的哲学用语。——编者注

[2]普罗提诺提出的形而上学是一种神圣的三位一体，即太一、精神与灵魂。他认为，太一至高无上，精神次之，最后是灵魂。——译者注

[3]法语中“灵魂出窍”是extasier，“解脱”是extraire，普罗提诺在这里玩了一个文字游戏。——译者注

或者我还有什么没说的？你太超脱了，我的小兄弟！

你说要以我为榜样。不要忘了，在我的理想国中，体操是年轻公民的教育中不可或缺的一部分！而身体，就算是监狱，我们也要通过它才能进入灵魂宇宙。感性是灵魂的特性……训练，并不是命令身体沉默，以此来解放灵魂；而是解放身体，引导我们找到灵魂的表象。你体会到这个细微差别了吗？我们雕塑的既是物质也是精神，而训练时雕塑的是整体——如果你想听我的观点，还要更深入地研究。

好了，说到训练，先不聊了，我今天还有6个小时的训练。

此致

柏拉图#你没有完全理解

普罗提诺，3月20日，星期一，8点19分：

好的……多谢解释……

那么你也不想给我一件你的运动服吗？

6个小时后，训练回来的柏拉图看到了这条回复。一个问题让他困扰：对话、沟通——尤其当你的提问者自称是哲学家时——简直比骑自行车更累！

我是普罗提诺，柏拉图我支持你，请让我追随你加入希腊队。

体育运动的小历史

在生命中，有比使用腿和手臂更伟大的荣耀吗？

——荷马

为了让身体和灵魂不再对立，为了在观众和运动员之间重新建立真正的联系，为了理解“运动员和普通人的表现没有本质上的差异”，让我们回到人被视作灵魂和身体的统一体的时代，并以此为开端，进行一下简单回顾。那个时候——引用尼采的话来说——人们意识到了“身体会思考”。

体育运动的起源，大概要追溯到公元前776年，古希腊人根据早期的游戏传统，在奥林匹亚创立了竞技比赛。人们更注重运动员的身体素质，而不是他们的智力素质。运动员的赤身裸体（法语“体操”的词源gumnos，意思就是“裸体”），为了纪念胜利者而建造的雕像，以及授予神圣橄榄枝的仪式——这一切都体现了当时的人对冠军身体的崇拜，几乎将之视为神圣。人类彻底的物质性得到了肯定，但没有对价值的判断，也没有对灵魂的贬低。

在那个时代，理想化的人被形容为kalos kagathos，其字面意义是指“美而好”的人。也就是说，身体素质代表了智力素质。这个标准也许会让今天的我们震惊，因为我们是将内在美和外在美彻底分开的，但是在古希腊人眼中，美学上的完美也意味着智力上的优秀——因为人是灵魂和身体的统一体，灵魂和身体必然是一致的。要想聪明，你就必须美丽。

有一个人打破了这种模式：苏格拉底。苏格拉底是伟大的哲学家，也以令人厌恶的丑陋闻名！难道这就是为什么他是一个思想的煽动者，要将感性与哲理、身体和灵魂分离开？

在他之后（公元前 4 世纪开始），事情发生了变化。体育比赛开始衰落，逐渐失去了辉煌。灵魂与身体开始分离。kalos kagathos（美而好的人）不再是完美的象征，被 mens sana in corpore sano（健康的身体有健康的灵魂）所取代，完成了从希腊语向拉丁语的过渡。对希腊人来说，身体和灵魂就像一块奖牌的两面，但从此它们分开了——身体成了一层保护性的外壳，唯一重要的是灵魂。

随着三大一神论宗教的出现，这种趋势进一步发展，每一种宗教都用自己的方式，在会腐败的身体和永恒的灵魂之间建立了一种等级制度。而且很显然，每一次都以前者为代价。古代的运动会也没能被容忍太久。人们指控这项活动支持异教徒，在公元 393 年，根据米兰主教安布罗斯的命令，信仰基督教的皇帝狄奥多西一世下令，废止了古奥运会。

在随后的一段时间里，一旦体育的热潮有所复苏（人们想出了各种流行游戏、锦标赛和骑士比武），教会就会出台压制性法律。因此在 12 世纪克莱蒙的主教会议上，罗马教皇英诺森二世要“禁止可恶的集会……这些集会通常被称为比赛，在这种集会中，骑士们聚集在一起，展现他们的力量和容易冲动的鲁莽性格，经常发生人员伤亡，对灵魂造成危害”。他又补充道：“对于那些死去的人，我们将拒绝把他们葬入基督教墓地。”身体受到了蔑视。身体和灵魂之间形成了真正的分裂。后来笛卡尔认为人类身上存在两种实体，一个是用来定义人（“我思故我在”）的精神实体，另一个是有形的、容易腐烂的、不断变化的物质实体，人们只是暂时依附于它。

对这种对身体和体育活动的禁令，在文艺复兴期间有过些许讨论，而在 19 世纪，它被彻底颠覆。当时英国的新教徒提出鼓励体育运动以对抗道德堕落。人们会想到议事司铎金斯利和他的“肌肉发达的基督徒”，也许还会想到托马斯·阿诺德，在著名的城市拉格比，他将体育全面引入了他负责的私立学校的教学计划。

由此，身体得以找回一定的尊严，也开辟了通往真正的体育复兴的道路。这条路通过男爵皮埃尔·德·顾拜旦的手得以拓展。他受到古代运动会的启发，开创了现代奥林匹克运动会，并于 1896 年在雅典举办了第一届现代奥运会。

赛季前焦虑症

每一个自然年的头几个月，对所有的车手来说，都是辛苦和充满疑虑的。

12月，我们仍在回顾上个赛季，冬季准备工作就已经开始了，但仍是无忧无虑、庆祝节日的时候。1月份，气氛就开始变得紧张了。大概一个月之后，第一场比赛就要到来了。运动员开始担心体重上涨。他们几个小时坐在车座上，严格控制饮食，以此来消除冬季过度放纵带来的影响。他们问自己，准备工作是否充分，是还远远不够，还是过犹不及……

不论希腊人还是车哲家，所有的车手都会有这种赛季前的焦虑。1月中旬的传统训练是消除焦虑的第一个机会。在2月最终来临之前，在真正的比赛拉开帷幕之前，他们通过和队友比赛来进行“测试”。尽管这些比赛很难用来预测新赛季的情况，但用来检测自己也是好的——尤其是精神上。

3月伊始，在进行了一个月的比赛之后，德国队陷入了全方位的自我怀疑。这个赛季的第一站很糟糕，完全没有达到队员们期待的水平。鲁迪·阿尔蒂希[1]、埃里克·扎戴尔[2]、延斯·沃格特[3]，甚至包括扬·乌尔里格[4]都集结在同一支队伍中，粉丝期待车队能取得辉煌的成绩。可是结果令人失望，他们甚至连第二赛区的领奖台都没站上去。

有些运动员觉得比赛结果与自己无关，有些则压力过大，还有一些问题更严重——尽管他们有良好的意愿，却也逐渐感受到了另一种负担：年龄……此外，国家队形式的新赛制也让德国队运动员之间掀起了竞争。以前，他们是各自队伍中独一无二的领导者，而从今以后，他们都要在同一个车队内共同生活。至少我们可以说，这一年最初的几场比赛中，队员们并没有表现出集体精神。更让人印象深刻的是过于离奇的环马略卡岛自行车大奖赛，那时候阿尔蒂希在冲刺阶段将队友扎戴尔死死地压制住，而乌尔里格本应该早点儿开始最后的冲刺，却更

[1] 原文是 Rudi Altich，可能是影射 Rudi Altig（鲁迪 · 阿尔蒂格），德国自行车运动员，活跃于 20 世纪 60 年代，因突出的平地冲刺能力著称。——编者注

[2] 原文是 Erik Zadel，可能是影射 Erik Zabel（埃里克 · 扎贝尔），德国自行车运动员，在 1996—2001 年间，连续六次获得环法绿衫并赢得 12 个单站冠军。——编者注

[3] 原文是 Jens Vogt，可能是影射 Jens Voigt（延斯 · 福格特），德国自行车运动员，曾两次获得环法自行车赛的赛段冠军（2001 年、2006 年），凭借其坚韧的意志力在接近 20 年的职业生涯中收获无数优异战绩，“Shut up legs! ”是他的经典名言。——编者注

[4] 原文是 Jan Ullrig，可能是影射 Jan Ullrich（扬 · 乌尔里希），德国自行车运动员，1997 年获得环法自行车赛的冠军，成为获此殊荣的德国“第一人”，当年被选为德国体育先生。——编者注

想在最后1公里再努力!

总之，这是场危机。

如果他们想在7月份避免这种灾难，就要迅速行动。今年环法自行车赛的起点是德国的杜塞尔多夫，如果成绩不好，意味着德国的自行车运动发展将再度停滞……

幸运的是，德国队的经理——一个名叫阿尔伯特·爱因斯坦的人决心接手。他拥有丰富的体育知识、分析能力和优秀的凝聚力，因而被任命为车队的经理。爱因斯坦很清楚，有一个问题干扰了德国队的赛季准备，但是就像他总喜欢说的那样："一个没有解决办法的问题，只是一个表述不当的问题。"爱因斯坦是个乐观主义者。

他拥有灵活的头脑，很快就找到了一个革命性的点子，来解决车队遇到的问题。环弗兰德雷斯古典赛事即将开始，经理将准备性训练的地点放在比利时边境的德汉城。他向队员提出了自己的观点:

"先生们，你们当然知道，我们的表现配不上我们的水平。整个赛季还很长，我也知道你们在为了找回状态而努力。但是我作为经理的职责,就是寻找可以通过改进而一直持续下去的方法。我找到一种理论可以让我们重回第一，我相信这种理论将会颠覆现代自行车运动，可以……"

"如果是跟之前一样的理论，那你就别说了……"阿尔蒂希讽刺又恶毒地打断了他。

“我没听清楚，请再说一遍好吗？”

“你的理论就是，质量就是力量。质能守恒，或是我不知道的别的什么……今年冬天，你强制我们进行无休止的肌肉训练，让我们增加肌肉，认为这样我们在比赛时就能有足够的能量。可结果是，我们在赛季开始时像个沉重的铁砧，沉重得没法去超过别人……”

“是的，当然，这个理论可能是危险的……”爱因斯坦承认道，“应用它无疑需要更完善的配套计划，但我的新理论是完全不同的！”

“我希望这一次你不会再向我们保证引力不存在，”乌尔里格发出了刺耳的声音，“因为我可以向你们证明，在凹凸不平的路段上我总能感觉到它，10公斤体重可不轻啊！”

“我要说的不是这个。你误会我了，扬，”经理友好地纠正道，“我说的，是引力本身是不存在的，它只是时空的一种扭曲。”

乌尔里格似乎感到有些困惑，要求爱因斯坦说明白一点。

“要将时间和空间看作统一而且唯一的东西，就像整个宇宙中的一块巨大幕布。你所说的引力，是一个洞，是在这个巨大幕布上的一处凹陷。你，地球上的车手，觉得自己处在这个洞的中间，如果你什么都不做，一定会滑到洞的底部。但是你可以做点什么！你可以骑自行车，你骑得越快，就可以到达越高的地方！要知道，速度加快的情况下，空间就会缩短。骑自行车的原理非常简单：只要加速就可以让距离变短。这次你明白了吗？努力踩踏板，你会发现颠簸的路段没那么长！”

乌尔里格带着惊愕的目光看向队友们。这一次，德国队的运动员们似乎终于达成了一致意见：这位经理来自大学，在他的领域里可能是最好的，但是他肯定对自行车一无所知。

大腿先行

要像思想家一样行动，像实干家一样思考。

——亨利·柏格森

19 世纪人们“复兴”了体育运动,这让身体重获尊重了吗?人们见证了以 kalos kagathos（美而好的人）为模板的希腊模式的回归吗？正相反。现代体育运动的特殊性（通常是现代性的延伸）是它将身体看作灵魂的支撑。这也是金斯利或者阿诺德面临的情景，对他们来说，体育运动可以体现教育品德，可以提升道德感。

世俗化的皮埃尔·德·顾拜旦对此持有不同观点吗？我们列举一些他的论文的标题，就可以得到截然相反的证据:《体育教学法》《实用主义体操》……标题说得很清楚：对于人们来说，体育依然只是一种方式；它“与心理学一样，都和生理学有关”，而他关注的是，它有助于“增强意志，发展可以称为人类精神肌肉的东西”。除了令古代奥林匹克重归，顾拜旦还通过创造运动项目，使身体服从精神，服从它应该具有的道德价值观。此外，他重新采用的也不是 kalos kagathos（美而好的人）的希腊模式，而是拉丁语中的 mens sana in corpore sano（健康的身体有健康的灵魂），并将之修改成了 mens fervida in corpore lacertoso（受过训练的身体中有个炙热的灵魂）。尽管最后形成了细微的差别（成绩取代健康成了体育的目标），顾拜旦还是继承了将灵魂和身体区分开来，并贬低身体的传统。身体的发展是可以的，但要为智力的发展服务。

我们今天脱离这种传统了吗？并没有。只要看一下当今社会人们如何看待体力劳动就知道了。有多少学生想要当学徒，却被父母要求“先高考”，或是完成“高等教育”，最终在 25 岁的时候才投向 15 岁时就想从事的工作呢？

现实情况甚至更糟。如今，身体和灵魂之间的分裂不仅存在于某些领域，还存在于社会整体结构之中。社会分工的极度专业化将人分化成“手工”阶层和“知识”阶层，一部分人只专注身体，而另一部分人只专注灵魂。一边是贫困的劳动者，而另一边是“沉思的旁观者”……

在很多人眼中，能将身体和灵魂联系起来的人是罕见的。毫无疑问，这也解释了既是自行车车手，同时又是哲学系毕业生的我所具有的吸引力。我打破了人们的预期和既定的观念。可我是外星人吗？我不这样认为。我认为人类都可以在行动和思考间取得统一。

但是我的情况应该还是少数，在我的认知里，人们总是对我的履历竟然可以将“大脑和大腿”联系在一起感到惊讶。“一边是大脑，一边是大腿”——很显然，这才是目前通行的模式……

任何脱离这个模式的人都不符合时代精神。

当然，事实上，很多事情的界限也不是如此清楚。手工行业和脑力行业之间也存在桥梁。我承认自己也享受过一些制度上的便利（弗莱尔中学的体育－教育分科，巴黎南泰尔大学[1]的远程教育研究生），这些便利让我能同时兼顾学业和运动生涯。

然而，即使存在这些专业，人们也没有准备好接受这些“独一无二”的人。不知有多少人像我一样，很多时候不得不做出选择：将高水平体育事业和大学学业结合在一起是不可能的！对一个美国学生来说，体育上的成绩也是一种成功。为什么法国人就不能认同这一点呢？是因为在知识界，身体让人们害怕吗？还是人们担心，如果可以在学习的同时从事体育事业，教育的价值就会降低？更无奈的是，在那些所谓的“精英”眼中，毫无疑问，体育世界是看上去遥不可及的另一个星球。

无论如何，这是我在学习过程中常常遇到的情况。我就像个 UFO 一样（当然在今天，更多则是作为车手中的“哲学家”）。这不是说我看上去很奇怪，而是指大部分的老师和学生，甚至想象不到在训练、行动、比赛等方面，国家一队的车手，也就是最高等级的业余运动员的生活是什么样的。很多人认为我的体育训练不过是个爱好，然而不管天气情况如何，我都会在课后骑行三个小时，周末的时候我会乘坐小火车前往法国的另一端骑行，甚

[1]即巴黎第十大学。——译者注

至我这一年骑行的里程数比他们开车行驶的里程数还要多，这些对他们来说都是不可思议的。我的很多老师认为，运动员的日常生活是座遥不可及的高山。

关于体育，学校里的哲学家们总是显得一无所知，说实话，对此我也并不在意。最影响我的，是这种无知没有激发好奇，反而导致了拒绝。读研究生时，我想写论文（为了毕业，一定要完成 100 页的学术论文）研究关于体育的问题。更确切地说，我想要“将尼采的哲学和运动结合在一起”。为了找到一个愿意屈尊来指导这一课题的老师，我遇到了多少困难！他们认为我的课题具有太多“异域风情”。我承认，尼采关于体育的著作不是很出名。但是我的课题是一种诠释，我想用尼采哲学分析现代体育；我绝对不是说自己在这位德国哲学家身上发现了什么未知的东西……

说到“异域风情”，我认为他们拒绝我的真正理由是，在通常情况下，人们不想打破已有的文化习惯。就好像，在人们口中的“自行车大家庭”里，运动员之间会使用专业的术语、遵循规定的章程进行交流；同样，哲学家之间也更愿意使用晦涩的学术研究和艰深的词汇彼此沟通，以保证他们的言行完美地符合小圈子的要求。如果另辟蹊径，想让这两个如此不同的宇宙进行对话，就会被视作对既定秩序的质疑。

非常幸运的是，总还是有例外存在，我最终成功找到一位哲学教授，让 - 弗朗索瓦·巴洛德，他还是巴黎南泰尔大学的校长，热衷于自行车运动，本身也是车手。他认可了我的论文计划，成了我的导师。最终我得以投身于这项研究，更准确地说，我将体育看作一种哲学客体，进行发掘和研究，搭建两者沟通的桥梁，而不是在它们之间建造起一堵墙。

无声的抗议蔓延

德国运动员和爱因斯坦之间弥漫着无法互相理解的沉默，但爱因斯坦显然对其他人的沉默毫不在意，提出了今天会议的要点，他全新的、伟大的革命性观点：

“先生们，我把你们召集在一起，既不是要对时空展开长篇大论，也不是要讨论肌肉锻炼。当然，我们聚集在一起，是为了准备接下来在弗兰德雷斯的比赛……不仅如此，真正的目标要更远大：现在我们应该思考，如何备战环法自行车赛在杜塞尔多夫的揭幕战，如何在 7 月冲向顶峰。我听说希腊自行车队好像有新的方法……”

运动员们没忍住笑了出来。对德国队来说，希腊队可算不上最大的威胁。

对这种嘲笑的态度，爱因斯坦毫不在意：

“这也许听上去很好笑。但是谁能告诉我，15 天前，在绿山山顶，拿下环阿曼自行车赛的人是谁？我告诉你们，是一个叫苏格拉底的人，他是希腊国家队队员！”

“有人没能好好配合我……”受了这话刺激的乌尔里格生气

地看向阿尔蒂希。

“那是因为柏拉图把我死死地压制住了。”阿尔蒂希辩解道。

“这些希腊人整个冬天都在阳光下训练，”扎戴尔强调说，“而我们要么在瑞士和黑森林冻得僵硬，要么就是在柏林的跑道上练习……你们都知道这不是为在中东进行的比赛做准备的理想场地！而现在，为了准备弗兰德雷斯的比赛，所有的队伍都在西班牙或意大利训练。为什么只有我们在这里，在风吹雨打的德汉？”

爱因斯坦以“这些都只是很小的影响因素”为理由搪塞了过去。在他看来，希腊运动员成功的真正原因，他们的秘密武器，是……他们的智慧！

运动员们又一次目瞪口呆。确实，这位头发乱糟糟的经理十分与众不同。说得就像骑自行车需要聪明才智一样。说得就像他们不聪明一样！

爱因斯坦感受到了运动员们的激动，可他没有感到不安。他解释道，他曾经看过很多文章，听过很多报道，它们讲述了这些希腊“车哲家”的故事——苏格拉底、柏拉图、亚里士多德，等等。他们的身体很强壮，而在智力方面也同样卓越。记者们的结论差不多都一样：哲学是一剂灵丹妙药，赋予那些骑自行车的人不可小觑的优势——除去力量和持久性的提高，也确保了队伍内部的坚不可摧的凝聚力。所有人都认为：这些希腊人 7 月份很难打败，因为他们会思考。爱因斯坦兴奋而充满干劲地继续说道：

“总结下来，我们所缺乏的东西，哲学可以用最小的代价提供给我们！我也决定了，为了让德国自行车队重回巅峰，我们要引进哲学家。这么做也许显得奇怪，但是在德国，热衷于自行车运动的哲学家也有很多。我会安排一个类似选拔的活动，挑选最好的人，在接下来的比赛中用同样的武器和这些可怕的希腊运动员对决！我当然也希望得到你们的支持，让未来的测试可以更好地进行，从而支持我的决定。我承认自己的观点有点特别，但你们看着吧，这雪球会越滚越大，再过几年，想要做车手，就要有哲学研究生学位了！”

德国车手们非常震惊，甚至有些沮丧：“哲学研究生学位……这是哪跟哪啊！”然而他们只能机械地听从这个疯子一般的经理，参加了这场游戏。

尼采，体育哲学家？

我不会劝你们和平，而是要你们胜利。

——尼采

乍看起来，体育和哲学之间的联系很小。哲学总是想从物质的偶然性和人类的劣根性中挣脱出来。因此，哲学家看待体育运动时，只会带着高人一等和鄙夷的眼光——如果他们真的看待过的话。

至于各种各样的运动员，他们淹没在现实的旋涡中，偶尔才能非常难得地抬起头，以一种新的角度来看待自己的运动，把它们看作某种值得思考的事物。

然而，哲学家和运动员不应该彼此忽视，实际上他们关心的是同样的事物：人类想要的和可以做的。这两个领域之间存在很多联系，完全可以找到连接点。这就是我在读研究生期间想要研究的主题，确切的论文题目是:《现代体育运动，尼采哲学的应用？》。

要明确一点：我不认为尼采的哲学是一个“项目”，而现代体育可以将其付诸实践。如果说尼采（1844—1900）所处的时代和 19 世纪的体育复兴（1863 年英格兰足球总会成立，1896 年第一届现代奥林匹克运动会举办，1903 年第一届环法自行车赛举行）年代接近，那也只是个偶然，不能强行联系在一起。

我的研究不再抱着“实用”的期待，不是要为最好的运动员提供尼采的方案！成为强大的理论学家对成为冠军一点用都没有。当需要采取行动时，那些书只能给我提供些许可有可无的帮助……

我只是希望通过我的论文，能够发掘一种个人视角，我想带着这种视角，将尼采作为一位隐藏的现代体育之父来呈现。为什么？首先是因为好玩！把尼采想象成体育的开创者是很有意思的，就像将爱因斯坦看作自行车队的经理一样。（这是我要批判的另外一种观点：谁说哲学家不会笑？）

另外，我选择研究的这个主题，和我的职业生涯息息相关。尼采是我最先了解的几位哲学家之一，而且确切地说，是对我影响最深、引领我在这个学科继续深入研究的哲学家。任何人读了尼采，都会觉得自己在面对一些未曾想象的东西，它们与哲学的“传统经典”截然相反。让人惊讶的不仅仅是他抒情而犀利的文风，还有他所关注的主题。哪怕是一句格言，尼采也可以在形而上学的外壳下给我们传达更有营养的建议！这位哲学家会和我这样的年轻人说话，就像他也会和我视为目标的顶级运动员交谈一样。所以，我的论文要研究他是很有道理的。

同样，我与体育也有着特殊的联系。回溯记忆深处，竞赛的本能、获胜的欲望总是萦绕在我身边。因此，我也打算把自己的生命和日常生活中的重要部分融入到研究中。

在尼采的学说里，人们可以找到和竞争相关的完整语义学，以及对个体的强调和对胜利的颂扬。我就这样发现了尼采哲学与体育之间的联系。

深入一些的话，我觉得，我的全部论文都围绕着一个目标：用历史创造者们肯定没有想过的更为本真的方式，重新思考现代体育运动。

让我来解释一下：我们所了解的体育，承载了一定的价值——体育精神、互助、全民性、普遍性、把结果放在次要位置、以进步为目标，等等。这些价值——也就是奥运会的价值，顾拜旦的价值——放在个人身上也都是值得称赞的。只是，在我看来，它们不能反映出真正的体育。作为运动员，我在以体育精神为旗帜的意识形态里找不到认同感。对我来说，以及对我认识的所有职业运动员来说，重要的不是“参与”，而是获得胜利；而且，尽管“团结就是力量”，到最后我们还是为了满足个人的野心。认为通过天赋就可以实现这些野心只是种错觉。成为冠军需要不断地努力：这是一项事业。

总而言之，在我看来，现代体育隐藏在伪善的面孔之下。人们在广告的面具后面掩盖了运动员真实的生与死——他们的动物性，成绩与努力之间的联系…… “你可以做到”，听上去甚至都不需要出汗。但愿如此……

我的观点是，比起现今宣扬的奥林匹克精神，尼采的哲学反而更真实地刻画了运动员的生活。我，作为职业车手，自我感觉更接近尼采的个人主义，而不是如今流行的表面化的利他主义。竞争的本质不是团结，而是对抗。为什么人们羞于承认体育是一种竞争，目标是击败敌人？相比隐藏起来之后用其他无序的方式加以释放，让人类的动物冲动在竞争的制度化框架下得到升华的做法要好得多。同样，我认为在当今的社会，身体的地位太过矛盾：人们对此怀有一种崇拜，却不愿真正接纳这种崇拜，反而乐于被灵魂统治。尼采的哲学对我来说更加神圣，因为它毫无保留地接受了生理的至上性。

19 世纪，在托马斯 · 阿诺德和皮埃尔 · 德 · 顾拜旦等人的影响下，现代体育诞生了。然而这不是良性的诞生，违背了希腊早期奥林匹克精神的原则。难道尼采不应该是更好的奥林匹克之父吗？

纯粹自行车理性批判

爱因斯坦“将哲学家纳入队伍中”的革命性举措实施之后，最伟大的德国学者们在德汉聚集到了一起。其中既有学校里受人尊重的讲师，也有卓越而孤僻的思想家，他们收到邀请后虽然深表惊讶，但都给予了积极的回应，而且随着时间的推移，他们的好奇心变得越来越重——好奇是一种伟大的哲学品质。另一方面，活动的组织者爱因斯坦是一位大学研究员，看起来还是很正规的。不过很多人到场只是因为误解了邀请函的意思：其中一个人认为，他是来参加一个名为“法国哲学家使用的表达方式的研究和评价”的研讨会的。

爱因斯坦做了简短的介绍，然后邀请他们登上自行车。在清风徐来的弗兰德平原上一起骑行，对这些哲学家来说还是第一次。活动的发起者说，骑自行车对所有人来说都是公正的，发掘可能的新队员潜力的更好方式，就是勇敢实践，面对挑战。德国经理为了鼓励队员，不得不在现有的运动员和潜在的新队员之间来回奔走。他决定不像平常一样开车跟着队伍，而是亲自参与到运动中去。

“骑电动自行车可太轻松了。”乌尔里格抱怨道。

“一个不错的发明，不是吗？”爱因斯坦露出了狡黠的微笑，“这就是为什么在骑自行车之前要思考一下！”

爱因斯坦骑上了他的电动自行车，朝着弗兰德的一个小镇出发了。阿尔蒂希、扎戴尔、沃格特跟了上来。哲学家们很快就明白了自己要做什么，也上路了。乌尔里格有些不情愿地跟着他们。

最初的几公里，没有什么变化。德国运动员们掌控着节奏。他们集中在一起，在队伍最前方皱着眉头，不时交换着目光看向后方，轻蔑地打量着那些未来的队友。这些哲学家很喜欢讨论，就像平常一样，但是他们更喜欢保持节奏跟着那些专业运动员。

爱因斯坦让运动员们把节奏放慢一些。趁此机会，他来到一位瘦小而体弱的哲学家旁边。这位哲学家骑行在队尾，变速器齿轮比[1]调到了最大。

“你可以成为卓越的爬坡车手！你以前运动吗？”爱因斯坦问他。

“我会跑步。每天，同一时间，在同一条小路上跑步。”康德[2]回答。

“太好了！”爱因斯坦说，“你了解自行车运动吗？”

[1] 自行车链轮与飞轮之比为齿轮比，它的大小决定着自行车后轮可获得的作用力的大小，直接影响自行车的前进速度。——编者注

[2] 德国哲学家，德国古典哲学创始人。代表作有《纯粹理性批判》《实践理性批判》《判断力批判》。——编者注

“在人们了解和不了解的东西之间划一条界限，从来都不容易。但是我可以说，对于这一主题，我并不陌生。我计划写一本相关的书，标题是《自行车理性批判》。在书中，我将要讨论那些看起来似乎和自行车没什么关系的问题：土地、生理学、营养学，等等。我也会在书中分析我发现的血液循环的用处，这是一种基础医学……”

听到这些，爱因斯坦很高兴。跑步和自行车都是耐力运动，可以在这两种运动之间建立桥梁，而这个康德看上去很有见地。尽管看起来对新环境有些心理上的不适应，还有点装模作样，但他应该能成为一个卓越的自行车运动员。时不我待，爱因斯坦决定开诚布公，邀请这位哲学家加入国家自行车队。

“您对我说的这个自行车赛将在哪里举行呢？”康德带着怀疑的神情询问道。

爱因斯坦很惊讶，一时没有回答。

“您要知道，我不会毫无理由地离开我的家乡，柯尼斯堡。”康德带着冷漠而又不容置疑的语气补充道，“我在那里出生，在那里教书，一直在那里过着规律的生活。只有当您所说的这个著名的自行车赛在柯尼斯堡举行时，我才可能参加。”

爱因斯坦拍了拍头盔，向哲学家解释，比赛不可能在柯尼斯堡举行：这是环法自行车赛！

爱因斯坦发现，提起“法国”这个词，在太阳眼镜（尽管在弗兰德的阴天里这东西不是很有用）后面，康德的眼中闪过了一丝光芒。

他告诉自己还有希望，于是继续说道：

“今年的环法自行车赛将从杜塞尔多夫出发。虽然不是在柯尼斯堡，但也是在德国境内，不是吗？再说，既然你永远不会离开家乡，那为什么要到比利时来呢？”

“我本来以为这是一场针对法国哲学家使用的语言学词汇的研讨会……我得承认，留恋法国本土是我的小癖好。您知道在这次之前，让我改变在柯尼斯堡的规律生活的事情发生过几次吗？只有两次。第一次是去寻找《社会契约论》[1]的副本，这是伟大的法国哲学家让－雅克·卢梭的作品；第二次，是为了了解最近发生在法国的大革命。”

爱因斯坦知道该如何说服这位哲学家加入车队了。在前往布鲁日的路上，他们沿着运河一路骑行，他用情感和浪漫的法兰西文化打动康德，让他想象美丽的法国城市，向他描绘海洋和山川：孚日山脉、比利牛斯山口、加利比尔山口……康德态度谨慎地表达着自己的看法（围绕着他的“主旋律”），但最终他让步并且接受了爱因斯坦的邀请。

松了口气的爱因斯坦激动地想要拥抱他的新队员。他从电动自行车上靠近康德，并试图搂他的肩膀。但这位哲学家很不适应，也不喜欢这种肢体接触，竟然差点掉进了水里！为了掩盖这次意

[1]法国思想家让－雅克·卢梭于 1762 年出版的政治著作。——编者注

外，爱因斯坦马上转移话题，说起了从现在起到 7 月的训练计划。康德自从出发开始，变速器就一直调成最大齿轮比，爱因斯坦提议，在快到山口时要加快节奏。

哲学家解释道，自己这样骑行是为了保持体温，因为骑行会让他流汗，甚至汗流浃背。听到这些，爱因斯坦并没有感到慌乱。在环法自行车赛上骑行却不流汗？这是不可想象的！可就在这时，几滴汗落了下来。康德害怕自己会湿透，决定调转车头返回德汉。无论如何，他不喜欢湿透的短裤包着胯部。

招募第一位车哲家进德国队的事，就这样化为了泡影。

注：SOCRATEA A VÉLO为原书名，译为“骑自行车的苏格拉底”。

体育是一场战争

严肃的体育比赛与公平竞争无关。它会激发带有恨意的嫉妒、兽性和对各种规则的蔑视、暴虐感和暴力；换句话说，这就是战争，没有硝烟的战争。

——乔治·奥威尔

我知道，“从尼采哲学思想出发重新思考现代体育运动”这一课题太过理想化，我从不奢望它能够带来哪怕最微小的影响。总体来说，我想通过这样一篇学位论文，将自己喜欢的两个主题结合在一起，将爱好和实用性结合在一起，这也能帮助人们更好地理解尼采的哲学和体育理念。一方面，是要弥补当下关于这方面的理论缺陷；另一方面，则是防止对这位德国哲学家作品的误读。

我们可以通过两个例子来说明后者：权力意志[1]和超人[2]的

[1]权力意志（Der Wille zur Macht）是尼采最重要、最核心的思想，散见于其多部著作之中，也是尼采备受争议的思想。在遗作《权力意志》中，他写道，“生命就是权力意志”“这世界是权力意志，此外无物！而你自己本身也是权力意志，此外无物！”尼采强调，权力意志才是世界的本质，只有强势、支配力量的意志才能作为存在物的本质和原动力。这种权力并非人们通常理解的权力，而是指生命本质中散发出的能量和自我内在驱动，是一种想要征服、掌控、克服、支配的原始冲动和欲望。——译者注

[2]尼采在《查拉图斯特拉如是说》中提出的概念，代指克服自身，实现自身价值的人。——译者注

概念，这两个概念常常被某些人用来指责尼采的错误（对人类的种族分类、优生学、纳粹主义等）。而应用到体育领域中，这些概念可能意味着（不平等地）击败其他人和创造突变的意愿（通过任何方式，包括使用兴奋剂）。用这种方式阅读尼采，显得轻松而且颇具诱惑力，但这是个谬误。

在论文中我试图说明，权力意志不应该被理解为“对其他意志的支配”，甚至更糟——对软弱者的灭绝意愿。对尼采来说，这个概念更多还是用于描述那种“推动每个个体增强自身、发展自我”的自然趋势。它不仅是用来区分人与人的政治标准，更是一种对生命的个体驱动，一种确定的力量。如果运动员真的被权力意志驱动，他最强大的意愿就不是打败对手，而是怀有一种确定的冲动，一种抑制不住的自我成长的愿望。压制竞争对手，只是实现这一目标的方式。

同样，超人的概念也应该被谨慎使用。这个词是从德语“Übermensch”翻译而来，字面意义是“超过人类的”。这会让人们认为，超人是属于统治阶层的高级种族。但事实上，尼采在这种特定情况下，使用的前缀 über 是伦理学意义上的，而不是生物学、达尔文主义意义上的。这个表示“处于……之上”的前缀，在这里描述的是通往上层、超越自我、推动人类发展的必要目标。这种上升的行为应该从自我开始。如果说超人是特殊的人，“超级人类”，也并非是说他们拥有超乎寻常的、独有的、非人类的才能。相反，他们是重新归化的完全的人。换言之，超人运动员不是变种人，而是用合理的手段、最好的方式，开发了天赋和才能（这本身就已经很特别）的人。这就是冠军。

体育确实是一场战争，一场“没有硝烟”的战争。竞争和对抗当然存在,结果绝非无关紧要。但对手不是“要杀掉”的敌人，也不是不愿超越你的朋友。对尼采式运动员，对超人，对冠军来说，对手就是他们为了证明自己而必须打败的人，仅此而已。

想不失去平衡就必须前行

爱因斯坦没有时间为失去康德——一颗潜在的新星而悲伤。康德刚走，他的注意力就转移到了另一位骑行者身上，尽管那个人已经被队伍中的其他人甩在了后面。他是叔本华，《作为意志和表象的世界》的作者。尽管骑行节奏再次加快，叔本华看上去依然毫不费力。因此爱因斯坦对他的落后感到很惊讶。

“不要因为我看着不累就以为我不痛苦，”这位哲学家回答，“虽然还不至于喘不上气来。痛苦无处不在，无时不在，它是世界上一切事物为生命奋斗的结果。但参与到奋斗中有什么意义呢？我更希望减速，独自一人以自己的节奏骑行，注视着弗兰德平原的广阔风景。我宁愿无聊也不愿忍受痛苦，看看这些年轻人充满了朝气，从不计算自己踩了踏板多少次。目的是什么呢？前往哪个方向呢？我累了，我放弃了。”

爱因斯坦感到叔本华的虚无主义一点一点侵袭了他。在沉浸到悲伤中之前，他决定放弃这位缺乏意志力的哲学家，重新出发。他稍微加大了电动自行车的油门，追赶前方的领骑者。“先生们，我们现在向尼乌波特进发，尼乌波特！”他要为他们指引方向。

重新回到队伍前方之后，爱因斯坦看到了几位出色的运动员的表情。黑格尔，虽然他很高兴叔本华已经提前退出了，但是他依然为这位在柏林大学授课时教室里空无一人的对手感到遗憾。胡塞尔[1]的背已经越来越驼，就像一位真正的现象学家，整个身体弓在自己的自行车上。而莱布尼茨[2]的脸因为太过用力已经变形了，他太难受了，以至于对生活在“所有可能的世界中最好的那个世界”产生了怀疑。哪怕是落在一堆车轮之后的乌尔里格，看上去为了跟上领骑者的节奏也费了一番功夫。

哪个魔鬼能跟上这样的节奏？一定是沃格特和阿尔蒂希想要借此展现自己的绝对优势……

他们确实在前面，但不只是他们：尼采正在和这两位运动员竞争呢。即使强风迎面吹来，他也在努力紧紧跟上他们！他落后不到 1 米。不，他正努力保持着和他们仅有半个车轮的距离，他的力量显露得淋漓尽致。虽然尽力不表现出来，但阿尔蒂希内心很恐慌，他时不时碰碰尼采，想要吓唬他。

爱因斯坦知道尼采是名运动员，还会在尼斯的山上或瑞士的西尔斯－玛丽亚山区练习长跑，但他不确定尼采是不是也骑自行车。可要达到这样的水平，训练是必不可少的。也许可能是海拔

[1]德国哲学家，现象学的创始人。著有《笛卡尔式的沉思》《第一哲学》等。——编者注

[2]德国哲学家、数学家，提出了单子论。微积分领域使用的符号和现代二进制记数法都是由他创造的。——编者注

的功劳，西尔斯－玛丽亚的海拔可是 1800 米呢。也有可能，这个尼采是位超人……

爱因斯坦告诉自己：不管他是谁，这次都不能再错过一个天才了。这个尼采，可是匹黑马！一定要尽快把他招募进来。经理一追上前面的三位运动员，就建议尼采加入德国队。爱因斯坦觉得令自己惊喜的一天已经到此结束了,却没有预料到尼采的反应：这位哲学家拒绝了他的提议，解释说自己不想加入团体中，是害怕自己的个性会在群体中被冲淡。说着他咬了咬牙，重新开始加速。沃格特、阿尔蒂希和其他人无能为力地听之任之，由他冲刺去了……

尼采的离开给其他人带来了暂时的平静，爱因斯坦趁机掉头观察了一下其他人的情况。形势已经很残酷了：队伍人数已经大大减少，那些留下来的人也快把他们的肺咳出来了。大部分哲学家（甚至包括乌尔里格）都已经没有力气了。爱因斯坦很失望。他开始认真地怀疑“车哲家”这个概念。这时马克思表示了反对：

“我,我……我非常相信……集体的力量！没有……联合……任何斗争……都不可能！”

看得出来，马克思气喘吁吁，但还在坚持。毫无疑问，这不是一个能起到革命性作用的新队员。但是好吧，爱因斯坦实际上没什么选择了，必须要利用现有的一切。马克思被录取了，也不用说什么开场白了。

另一个哲学家也跟了上来,也希望爱因斯坦听到自己的声音：

“我也是，我在这儿！我在这儿！”

这是马丁·海德格尔，“此在”[1]这个概念的创造者，意为“在这里”。

“我在这儿！”

“你不用喊了，马丁。”爱因斯坦以一种冷淡的声调说，“我们听到你的话了。”

海德格尔沉浸在自己的激情中，认为这是证明自己的好机会：

“在世界上运用‘此在’是非常重要的。虽然本体论的问题是根本性的，但也不应该掩盖存在的重要性，这是一种必然的结果。为了找到‘存在’，就要成为‘存在’本身——‘此在’，首先是整个世界。但是请原谅：我把事情简化了，我把它们精简了，这一切都是很复杂的……”

“你知道，哲学的内容并不重要……”爱因斯坦坚决地说。他用看透一切又带着恐慌的眼神看着海德格尔：“我只是要找一些能参加自行车比赛的哲学家……”

“我就是你要找的人。还有什么能比车手更好地揭露出‘此在’的令人着迷的时间性呢？在机械时代，还有什么比车轮这种工具更能让我们了解形而上学的完美形式呢？”

“好的，不用给我们上课了。你已经是德国队的一员了。此外，

[1] Dasein，字面意思是“在这里”，海德格尔在《存在与时间》中提出的哲学概念。海德格尔用这个概念来探究存在的本质。——译者注

从现在开始，所有想要参加的人都可以成为队员！”

这支队伍包括了弗洛伊德，队伍中的最后一位哲学家。弗洛伊德直到骑行结束都沉默地缩在后面，以至于没有人注意到他。当爱因斯坦对他产生兴趣时，他正在“无意识地努力”。经理想知道，自己该拿这样一个人怎么办。确切地说，他更想知道，这个“车心理家”能在这支队伍中做什么。

觉得扫兴的爱因斯坦对他的运动员们说，要开始沿最短的路线回到德汉。马克思昂起头，充满热情，内心因参与自行车运动而感到动力十足。

后面的海德格尔看着骑自行车的弗洛伊德，露出了狂喜的笑容。然而，在布雷德内到德汉之间，距离训练基地还有几公里的路上，他的表情又变了。他好像突然开始焦虑，悄悄来到爱因斯坦身边，激动地说出了自己的担忧：

“教练，我有个要求。”他小声说，“我希望队伍里只有纯正血统的德国人。民族精神的问题，您懂的。这个弗洛伊德嘛，我不认为他……”

“为什么这样说？就因为他是个奥地利人，跟我一样？”

“不，不……这，算了吧。这个问题是……”

“还是因为弗洛伊德是犹太人，跟我一样？”

“怎么会这样，爱因斯坦，您是犹太人吗？”

突然，一阵狂风在两片房子之间穿过。爱因斯坦和其他人都有些失去平衡，但是没有摔倒。而海德格尔被风吹倒，以相当滑稽的姿势摔进了沙丘。

爱因斯坦甚至没有停下来。相反，他开足油门，避开队伍，以最快的速度返回了基地。海德格尔的“要求”给了他致命一击。刚刚的这一切都在提醒爱因斯坦：他的命运不是成为经理、领导者，或是国家的代表。他对自己想法的效果感到失望，没有人理解他。德国的职业运动员认为他是个外国人，是个脱离实践的学院派。他们从来都看不到他的理论知识带给他们的好处。这些哲学家的情况更糟，话都说得很漂亮，可实际行动又是另一码事。

他不得不面对现实：有两个人退出，还有一个是公认的个人主义者，再加一个无力的“吊车尾”，以及三个明显成问题的新成员，哲学家 - 车手的尝试是失败的。现在，爱因斯坦明白，他看待很多事情过于客观了，他想将自行车运动转化为一种科学，却忘记了关键：骑行，前进。他自言自语道：“生命就像骑自行车，想不失去平衡就必须前行。”分析，切割，剖析——只要人们用这些来构建，这一切就都有意义。是什么构建出批判精神、存在问题、无法理解的论调——这些我们称为哲学的东西？

在爱因斯坦的眼中，结论很清晰了：理论不适用于骑自行车，也不适用于生活。拥有哲学研究生学位不代表能成为最好的车手，更别提……

他决定了：他要辞职。

队长和队员们的辩证法

忧郁的爱因斯坦独自一人坐在北方的冷风中，迷失在自己的思绪里。与此同时，希腊人正在西西里岛埃特纳火山的山坡上，用另一种哲学概念训练。

在希腊人眼中，让人作为独立的个体来发展自我是第一位的。对一个希腊人来说，只有在综合性提升之后，分离分析才有意义。对他们来说，哲学应该专注于生命本身……

“柏拉图，你不觉得，哲学就是学会死亡吗？”登埃特纳火山时，苏格拉底对柏拉图说。

“哲学就是学会死亡”？怎么会这样？刚刚才说到希腊人发展出了一种生命哲学，一种以行动为中心的哲学，现在苏格拉底就提出相反的意见了！这还怎么理解！

就和我这个讲故事的人一样，亚里士多德也被这位杰出长者的话搞糊涂了。他决定把事情弄清楚。虽然柏拉图对苏格拉底的话表示赞同，还问他，在某种意义上，我们能否将骑自行车也看作是学着死亡，但那个野心勃勃的年轻人骑到了他们中间，直接发动攻势，表达自己的反对。超过他们的时候，他偷偷地说：“学哲学，就是学会获胜！”

亚里士多德很快就拉开了差距。柏拉图反应稍微慢了一点，他决定要纠正这位对手，于是拼命地加速想要赶上。但是他发力太晚了：整个上坡路段，两人之间都保持着一百多米的距离。当亚里士多德第一个赶到里富吉奥·乔万诺·萨皮恩扎（一座海拔很高的小酒馆，希腊人将训练营设在了那里）的时候，他觉得自己就像赢了环法自行车赛的一个赛段一样厉害。二十几秒之后柏拉图也到了，喘着粗气，目光不善。

苏格拉底没有太费力气就轻松地骑了上来。他很有经验，知道训练不是比赛，在高海拔地区氧气稀少，缺氧状态下的训练非常有挑战性。为了避免很快就被埃特纳火山烤焦，他没有用全力，爬坡的速度要比队友慢十五分钟。

最后几名队员只晚了一点，趁着前面到的人吃饭的时候也赶了过来。亚里士多德坐在餐桌一端，鼻子埋进了番茄欧芹通心粉，狼吞虎咽地填着肚子。柏拉图则相反，坐在窗边，吃着椰枣和无花果，观察山顶的云，仿佛在策划着报仇雪恨。两个人都很严肃，彼此互不理睬。在墙上，可以看到训练之初，苏格拉底自己贴的一些格言："永无止境""认识自我"，甚至还有"我所知道的全部，就是我一无所知"。

在吃完希腊沙拉之后，苏格拉底对这两位年轻运动员开口了：

"我的朋友们，你们有热情、有野心，也很胆大。这很好，就像其他人所说，没有热情就做不了大事。我们的运动是很辛苦的，借助大腿的力量登上这样一座火山也需要激情。然而，让我问你们一个问题：你们认为，一个受到自己情绪影响的人是自己和命运的主人吗？你们两个是不同的，这是事实。只因为如此，便要让你们之间出现分歧吗？”

“你和你的问题不能停一停吗，苏格拉底？”爱记仇的亚里士多德打断了他，从自己的通心粉上抬起了头，“你说你要提一个问题，但是你已经提了两个。谁还能比你更善于运用修辞学，玩弄文字，让人迷失在你的提问里呢？你看，你总是这样：当你‘修习哲学’的时候，寻求的不是被理解，而是不被理解！你不停地使用诡计和逃避，又怎么能让哲学严肃起来呢？如果你唯一的目标就是将一本书的内容复杂化，你怎么能让读者读懂它呢？事实上，苏格拉底，我想对你说：‘你修习哲学跟你骑车一样，你完全是个诡辩家，你所说的完全是空无一物！’”

亚里士多德从没用这样的口吻跟苏格拉底说过话。虽然从来没有表现出来，但其实他有点害怕这个希腊自行车队十多年来的领导人。现在他很害怕苏格拉底的反应……可是苏格拉底没有什么反应。他只喝了一勺橄榄油，仅此而已。

亚里士多德等着柏拉图说话，为他们的领袖辩护。他想，轮到柏拉图保护自己的保护者了。柏拉图确实回过了头，把视线从群山收了回来。他有着深邃的眼睛和侵略性的眼神。亚里士多德觉得更难受了。但令人惊讶的是，柏拉图攻击的是苏格拉底。

“亚里士多德说得对。”他说，“苏格拉底，你把自己当大圣人，但你充其量是一个伟大的江湖骗子。对你来说，哲学就是使用诡计来失去自己的听众吗？提出一件事，然后又提出它的对立面，说这是一个悖论？你知道我总是很维护你，无论是骑自行车，还是其他的东西。需要的时候，我总是为你遮风挡雨。我也总是按照你对我说的那样，把你放在核心位置。我总是在媒体面前突出你的表现，因为我以为我也参与到了这场比赛中。但是现在我已经听够这些了！我终于意识到，一直是你——苏格拉底——在享受阳光。在到达目的地的时候，大家为你欢呼，而我总是躲在阴暗的角落中，像囚犯一样困在队员这个位置上，完全没有任何出名的机会！你总是对我说，我的机会快到了。但我意识到，从现在开始，如果我自己不努力改变，没有人会让我登顶。你甚至会在路上拦住我们所有人，我和亚里士多德，让我们互相竞争。是你割裂了我们之间的关系，你那些模糊的话语正是为了在队伍中制造争执、分化，以便更好地统治，这就是你的策略！啊，这就是伟大的哲学家苏格拉底……还是一位优秀的领导。对于那些学习自行车运动的人，是一个多么好的示范！说什么‘哲学就是学会死亡’，呸！真荒唐！你还到处去说哲学必须是一种实践！很显然，你对胡说八道丝毫不感到害臊！而我，居然还相信你说的‘骑自行车，就是学着死亡’，我真是个傻子……我以前真是个傻子，但一切到此为止。你不能再这样把柏拉图当成傻子了！从今天起，我要沿着我自己的路线到达顶峰。修习哲学，就是要解放自我。我骑的每一步都是属于我的。亚里士多德和我将会成为被激情驱动的人，你怎么解释呢？也许，我可以对你说了：苏格拉底，你是个过时的车手。现在是年轻人掌权了！是不是，亚里士多德？”

亚里士多德没有回答。他完全不敢相信自己听到了什么。这是那个柏拉图吗？那个无条件支持苏格拉底的门徒，竟然这样反对他的老师？也许埃特纳火山的训练太过激烈，以至于自己失去了理智……不，这是真的：柏拉图刚刚推翻了他精神上的父亲。现在，当希腊人似乎已经接受苏格拉底是环法赛唯一的领导者时，希腊队内部却正在产生新的等级制度和新的威信规则。很明显，自行车运动很复杂，有时候比哲学还要复杂。

柏拉图屏住呼吸，仍沉浸在自己犯下的“弑父罪”里，苏格拉底——一直冷静地听着，没有生气地反驳——只是标志性地轻轻咳了一下，重新开口：

“我的朋友们，我很理解你们。我听到了你们对我的指责。我也知道我的态度可能会让人震惊，甚至生气。我的心魔容易惹人发怒……你们想要打败这个心魔是有道理的。你们想要推翻偶像，推翻我，也是合理的。我甚至可以跟你们说实话：我一直在等这一刻，你们从我这里获得自由的这一刻。柏拉图，你说我那些模棱两可的话语没有别的目的，只是为了在你们——我的年轻的队员们之间制造问题，让你们两个都无法挑战我受到保护的地位。事实恰好相反：如果我始终在提问，从来不给出答案，那是为了给你们自由，让你们提问，让你们自由地寻找自己的答案。

我想时机差不多了。是时候让你们自己思考，自己骑行了。因此，我郑重地对你们说：我决定结束我的车哲家生涯。”

亚里士多德重复了一遍苏格拉底的话。怎么会这样？在环法自行车赛前几个月，在职业生涯的巅峰，退出运动队？这简直就像地震！就连埃特纳火山的喷发都不能让亚里士多德和柏拉图震惊到如此地步。他们的确激烈反抗苏格拉底精神上的控制，但是从来没有想过逼他退休。他们只是想明确一些东西，只是为了让读者少一些困惑。但现在事态变得混乱了。这一赛季从开始到现在，尽管有一些内部纠纷，但希腊队运动员们的表现都很理想。苏格拉底的离开毫无疑问是自杀行为。失去了最富经验和最有表现力的人，他们还能在环法自行车赛上做什么呢？苏格拉底不能这样惩罚他们！

“我得告诉你们：我已经做好决定，我要辞职。”

“为什么？”

“因为现在你们已经可以自己进行哲学－自行车的学习了。看看你们，当我说‘修习哲学，是学会死亡’，我想说的是‘哲学的目的是让我们意识到，我们身上存在永恒的部分’。仅此而已。我看到你们对这个问题的理解是有分歧的：你，柏拉图，坚持认为骑自行车让我们学着死亡，因为这种运动能让我们实现平时做不到的自我分离；而你，亚里士多德，指出车手的目的是要获得胜利，而胜利就是另一种形式的永恒。你们已经表明立场。你们互相反对。这样很好，因为实际上，我要告诉你们，这就是哲学：

理解和阐释。并非理解这个世界或是改变它，而是将自我投入到一个问题中，并对这个问题提出观点。当然，基本的哲学理论是重要的，但更重要的是，你们要亲身体验这些理论。哲学要求贴近生活。相对于论证，更关注证明……你们应该明白了，'学习死亡'这句格言的关键词是'学习'——在生命的营地里占据一席之地。这几个月来，你们已经学到了很多，现在到了我离开，给你们自由空间的时候了。现在你们要接班了。轮到你们了！"

说完这些话，苏格拉底站起身来，十分平静（他在说这些话的时候就一直很平静）。他走向那些小告示牌，那里贴着很多哲学格言，从训练之初就指引着这些希腊人的生活。在亚里士多德和柏拉图震惊的目光下，他把这些格言一张又一张地揭下来，只留下一句："对年轻人来说，没有难事。"

这两个年轻人仿佛变成了石头，直到苏格拉底离开房间都没有什么反应。柏拉图做了个手势想要拦住他的导师，但苏格拉底用眼神告诉他们，他绝对不会收回自己的决定。

在离开里富吉奥·萨皮恩扎之前，苏格拉底取回了自己的自行车。奇怪的是，他没有沿着卡塔尼亚和它机场方向的斜坡走，而是朝铺满细石的火山口走去。柏拉图和亚里士多德看着他消失在云中，不时交换着询问的目光。现在已经看不见苏格拉底了，担心又失落的柏拉图和亚里士多德朝着火山的方向去寻找他。他们喊着他的名字，可他们的声音消失在席卷山脉的疾风里。他们试着分辨出他的身影，可看到的只是又一片云。

到了火山口，柏拉图发现一只骑行鞋，只有一只，是苏格拉底的。苏格拉底难道跳下去自杀了吗，就像恩培多克勒[1]一样，跳进了埃特纳火山里？柏拉图感觉到有巨大的重量压在他的肩膀上。是失去了苏格拉底的重量，是环法自行车赛上希腊人的希望的重量。

几个星期之后，希腊人——不包括苏格拉底——参加了多项赛季初的古典赛事：环弗兰德雷斯赛，巴黎－鲁贝古典赛，拉弗莱舍－瓦隆古典赛，列日－巴斯托涅－列日古典赛……尽管在埃特纳火山的强度训练让他们拥有了良好的身体条件，情况却不容乐观。人数总是不够……希腊人不是因为愚蠢或者过度自信导致犯错，他们只是单纯地缺乏比赛的经验，人们说想要在这样的比赛上获胜，至少得先参加十次。较差的经济条件、糟糕的饮食规划、穿着问题、战略布局上的失误，这些都是柏拉图和亚里士多德还需要努力改进的。

再说德国车手。他们还没有找到状态。然而，自赛季开始以来，这是他们表现最好的一天。他们知道要通过精妙的战略部署来弥补自己相对薄弱的体能。这是此次征战古典赛的巅峰时刻：阿尔蒂希在环弗兰德雷斯比赛中获得胜利，在比赛中，人们发现马克思一早就钻进了大部队，就为了在最后的冲刺中给这位有耐力的

[1]公元前5世纪的古希腊哲学家。据传他为了证明自己的神性，跳入埃特纳火山，而火山却将他的鞋子喷射出来，显示他的不诚实。——译者注

德国运动员提供支持，由于前面有自己的队友，阿尔蒂希保留了足够的精力，可以尽情施展自己擅长的短距离冲刺。尽管爱因斯坦已经辞去了队伍经理人的职位，可他似乎还在持续施加影响。

德国人保住了荣誉，也证明了：要应对环法自行车赛，就要带着信心回归训练。希腊人输了比赛，但没有被打败，失望激发了他们的斗志。这就是年轻人！在 7 月的大赛之前还有两个月的时间。训练会越来越好的。

超越自我的韧性

生命是一系列抵抗死亡的行为的集合。

——泽维尔·比查特

我花费如此多的篇幅，描述运动员对环法自行车赛所做的准备，也许让你们感到有些惊讶。那是因为在车手的日常生活中，训练占据了主要位置。一年里有 80 天在比赛，但需要 200 天的训练。比赛中的 5 分钟可能就会决定一场比赛，一个赛季，一位运动员的职业生涯，甚至一个生命的命运，而这 5 分钟的努力背后，是坚持不懈的重复性训练，总是如此。

观众在剧院里，是看不到幕布后面的东西的，在赛场上也是如此。他们发现超过 10% 的车手在冲过终点线时表情并不痛苦，就会说自行车运动不难：只要踩脚踏板就够了……

“训练越辛苦，比赛越容易。”人们总是习惯重复这句话。比赛中的车手就是表演中的体操运动员：他们的面容平静和安详，甚至微笑着做出极度危险和高难度的身体动作，就像是本能一样。但事实上，观众看到的只是冰山一角。

海平面以下的部分甚至更重要，那里布满暗礁。这份清单很长，甚至可能没有尽头。身体上的毛病当然无法避免：受伤、生病、姿势性疼痛……还有很多无法预估的事情要解决：运气不佳、机械问题、摔倒……自我怀疑、焦虑、疲惫、无聊也是车手日常生活的一部分，甚至还有集体生活中的不如意：团队内部的紧张关系、竞争、远离家庭……

车手准备比赛的过程布满陷阱。面对这所有的障碍，他们要永不满足地自我努力。总是有不好的地方，总是有可以改进的地方。冠军的强大力量就在于他们可以从不满中得到收获，遇到问题时会选择迎难而上，最终超越自我。用一个时髦的词来形容的话，那就是韧性。

阿尔蒂希错失赛季初的比赛后，获得了环弗兰德雷斯赛的胜利，这就是韧性。在苏格拉底退出不知名古典赛事之后，柏拉图和亚里士多德带着更多的决心重新开始准备，这也是韧性。

“那些没能杀死我的，将使我更强大”，这句格言也很时髦。很少人知道这句话出自尼采，他不是一位心理学家，而是一位不折不扣的生理学家。这句话在体育训练中得到了完美呈现。

在我最初两年的职业生涯中，每个赛季之初，我的膝盖都会受伤，其中一个膝盖甚至需要做手术。有好几个月，我都无法进行正常训练。已经有人对我说我这个赛季报废了。人们告诉我，缺席了冬天的常规训练，是无法弥补的。然而，我不仅回来了，还完成得更多：我打破了之前那些常规准备后的自我纪录。每一次赛季初始的被迫休息，都会让我在赛季末尾变得更加厉害，甚至比原来的我还要厉害。人总是需要被刺激才能前进，而身体也需要经历打击，才能变得更强。

这种生理奇迹是从哪里来的呢？如何解释“糟糕的事情可以激发好的结果”这看似荒唐的理论呢？我甚至可以将之归结为身体的智慧——在受到伤害后，可以自我调节，以免重蹈覆辙。一根骨头骨折后，绝对不会在同一个地方再次骨折，因为身体对这个受伤的部位进行了加强；同样，一个被病毒感染过的组织会更强大，就像注射了疫苗。

体育训练也是如此。训练，是为了释放精力，让身体变得劳累，而在恢复的时候，不仅可以补上这些消耗，而且补偿的还会比原来略多一些。运动员们很了解这种名为超量补偿的著名机制。现在，他们知道了，尼采就是一位理论家！

骑到香榭丽舍大街去

在荒芜、雄伟而广阔的比利牛斯山上，有一个人在骑自行车。他翻过了一座不知名的山峰——巴雷山[1]。他很孤独，非常孤独。没有声音，没有人。满眼望去只有无尽的群山。但这位车手感觉不错。

他名叫帕斯卡，是个早熟的孩子，很早的时候就开始骑自行车。他还记得他3岁左右的时候，就开始在克莱蒙那个他长大的小城市的乡间小路上骑自行车了。7岁的时候，他第一次骑上多姆山。12岁的时候，他就经常骑着自行车在奥弗涅总长度超过100公里的山路上骑行，并且逐步扩大自己的骑行范围。

帕斯卡对自行车的热情从来没有中断过。成年后，他几乎每天都骑自行车，同时他还是一位著名的神学家。北上巴黎后，他在谢夫勒斯河谷的小山丘上，或是沿着塞纳河进行训练，就像要探索所有的蜿蜒小路一样。然而他更喜欢大山，各种登山活动仿

[1]巴雷山（le port de Balès），环法自行车赛的一个HC级爬坡点。海拔1755米，坡度6.3%，总长度18.9公里。——编者注

佛就在前方等待着他。帕斯卡一有机会就会逃离首都——当然是骑着自行车，来到他最爱的中央高原，前往阿尔卑斯山、比利牛斯山，或者更远的地方。

骑自行车是一项有难度的运动，学校里的很多同事都对帕斯卡能在骑这种可怕的机械中找到乐趣感到震惊，毕竟没有人逼他这样做。但是帕斯卡知道自己为什么要骑自行车。他不害怕痛苦，对他来说，痛苦是每个人生命的一部分。他总是说“人类是天然病态的存在”，与其隐藏这种天性，帕斯卡认为不如接受它。在法国和纳瓦尔的路上靠着双腿力量骑行，还有什么事能比这更好地证明他的观点？帕斯卡不断骑行，就是为了感受运动过程中肌肉的紧张，这种早上起来就传遍全身的十分强烈的感觉带来的疲劳已经成为常态。帕斯卡不断骑行，是为了忘记双脚、梦境、思考，从而和周遭壮丽的风景沟通——这就是他的出发点。

这就是帕斯卡翻越巴雷山时觉得开心的原因。他知道，有一个指令控制着灼烧大腿的疼痛，当斜坡试图把他推入山谷中时帮助他反抗，鼓励着他冲向远方的山峰和闪耀的阳光。他忍受着痛苦不断向上骑行，带着痛苦与快乐向等待着他的上帝骑去。

这时传来了变速器的声音。帕斯卡大吃一惊。一个车手直立起身体蹬车，超过了他！这个车手就这样一言不发地超过了他，甚至没有投来一个眼神。帕斯卡很生气，不断加速追赶这个烦人的家伙，几乎要把肺咳出来了。他用最大的嗓音喊道：

“……你是谁……朋友？为什么……为什么你可以骑得这么

快？……简直是超人！你不想……停下来，欣赏一下这儿的景象……惊险的……神圣的景象吗？”

“人们叫我眼镜蛇，因为我可以在山间穿梭。”那个车手呼吸平稳地回答，“或者是西尔斯－玛丽亚之鹰，因为我可以在山间飞翔。又或者是查拉图斯特拉，天生的攀登者。我真正的名字是尼采。你问我为什么可以骑得这么快，原因很简单：我现在在为下一届环法自行车赛做准备，到时候会走这条路。对你所提及的神圣的景象，我必须承认我很惊讶。你难道不知道上帝已死吗？你难道不知道，在我们杀死了上帝之后，就不再有秩序，不再有神圣了吗？为了骑自行车而骑，是没有意义的。没有任何风景可以让人们这样凝视，也不再有任何值得欣赏的风景。你的骑行是虚无的，小子。没有目的的努力是徒劳的。就像其他的事情一样……”

“但是如果上帝不存在的话，那么一切都是允许的……”帕斯卡想要反驳。

“一切都是允许的，的确如此！如果一切都是虚无而疯狂的，那么填补空白、重新赋予意义的职责就落在我们人类的身上了。我们废黜了上帝，就要找到能够替代他的东西。我们应该发明一些新的神圣游戏。所以我才要参加环法自行车赛。因为比赛就是我的新的绝对存在[1]，一个我为自己选择的绝对存在。我要去训

[1] 哲学中，绝对存在指不需要依附他物的自我存在，不需要任何条件和任何关系就能存在。——译者注

练，先走了。记住，观光客：沿着斜坡骑很好，只要它是上坡！”

查拉图斯特拉如是说，尼采再次起身骑自行车离开，留下帕斯卡一个人。帕斯卡甚至都不打算追赶，他已经被刚刚听到的话打败了。他看着尼采沿着巴雷山的斜坡消失在远方，开始思考幼年时就支撑自己骑上自行车的理由。这个穿着短裤的先知也许不无道理，神圣的秩序也许只是一种幻想。如果这些宏伟的景象无法代表任何事，而痛苦也毫无意义，难道就没有一个更高的权威来主宰世界的命运吗?

帕斯卡一点点沉浸在虚无之中,一种深深的疲倦感席卷了他。他没有力气骑自行车了,也不想骑了。这有什么用呢? 他问自己。虚无中的虚无，一切都是虚无的!

尼采已经离开了很久。帕斯卡再度陷入孤独,绝望的孤独中。他心不在焉地骑着自行车，速度是如此缓慢，车轮每次转动时都像是要失去平衡一样。他看向周遭，既听不到声音，也看不到人影。山脉之中满溢着空虚，阳光也越来越强烈。没有什么新鲜的东西，只有一轮昏暗的太阳。

突然，帕斯卡停了下来。他的空虚感变成了恐慌。恐慌的他把自行车扔在路边，大喊道：

“这个无边无际的地方的永恒安静让我害怕！”

他在自行车旁坐了一会儿，等着一个回答，找寻着一个方向。但是他没有听到任何声音。也许上帝确确实实已经死了……

帕斯卡想回到山谷里去，回到人类的文明中去。他感到自己已经结束了这场自行车的游览之旅。但是他也可以找到其他的目标。爱情、艺术、政治、食物，或者是性……无论什么，只要能给他一种存在的意义。或者更多地投身于神学，直到找到新的兴趣。没有必要相信只有上帝才能说出真相……所有的活动都是好的，只要它们能让他逃脱可怕的虚无。

而后，帕斯卡又想起了那个奇怪的人——尼采——说的话，他在为环法自行车赛训练，比赛是他新的绝对存在。帕斯卡总觉得自行车比赛是没有价值而又庸俗的。在他眼中，沉浸在骑行的幻想中才是真正的崇高。但是最终，既然一切都没有意义，那么跟其他事情相比，自行车比赛也就不那么荒唐了，虽然它还是庸俗的。人们很明白，“这只是一场游戏”。

渐渐地，一种想法在他的脑子里发了芽：为什么我不去参加这个著名的环法自行车赛呢？没有上帝的生活是一种苦难，上帝再也不能提供解决问题的办法了。我必须给他的消失所带来的虚无盖上面纱。环法自行车赛会是这块面纱吗？还有什么比 7 月的这场大弥撒更好、更能代替宗教呢？还有什么比夏天的这场大型连续剧更能消弭由空虚引起的恐慌呢？为了掩饰自己的毫无方向，帕斯卡找到了一个目标：他要骑到香榭丽舍大街去！

这位曾经的自行车观光客要变成战马了。他重新爬上自行车，调整太阳眼镜，穿好运动服，站起来向着山顶骑去。他决定要追上尼采，还要参加环法自行车赛！

车手，有什么意义呢

真正的智慧是了解自己的无知。

——蒙田

在求学的过程中，我好几次听到别人说，我应该在体育运动和学业中做一个选择，言下之意就是，自行车运动只是年轻幻想家的游戏，而不是一个严肃的职业。在学校里成绩优良的我，当然应该更加理性，放弃高水平自行车运动。就像有一天我的心理咨询师说的那样，要想把这两种事都百分百地做好，“很容易成为烧掉自己翅膀的伊卡洛斯[1]”。

难道不是说这些话的人点燃了火药，烧掉我的翅膀吗？难道不是他们扼杀了能量，限制了野心吗？幸运的是，我识破了这些高高在上的知识分子的虚伪，他们只是试图维护自己的地位。为了证明这种地位上的优越，他们解释说精神上的作品才是人类最重要的贡献。思想、价值、理论……这些是人类社会的根基。而剩下的（身体活动、制造业的产品等）都是庸俗的，当你有办法可以“做得更好”的时候，就应该放弃它们。

[1] 希腊神话中的人物，因飞得太高，离太阳太近，致使翅膀上的羽毛和蜡熔化，落入水中丧生。——编者注

我已经用我的经验指出体育运动所承受的不公平对待。现在我要解释，为什么体育运动实际上是更加高贵的，以及为什么我在无人强迫的情况下要从事专业的自行车运动。为此，让我先绕一个小圈子，阐述一下“我的哲学价值观”。

我不相信绝对。我不相信任何系统，无论是哲学的还是其他的，我不相信任何认为自己可以完美解释世界的系统。我不认为任何一种单一秩序能够统治宇宙,也不相信任何精神力量。因此，我是相当消极的。对我来说，没有什么是有价值的，什么都没有意义。加缪说，唯一的真正的哲学问题就是自杀问题。我深表赞同：生存还是毁灭，这是一个问题，而且是唯一的真正的问题。

对于这个问题，我的回答是，不论发生什么，都必须选择生存。不是因为有一个更高级的存在要求我这样说，也不是因为我的存在回应了某个隐藏的意图。我不相信既定命运。我这样回答，那是因为“我是，我存在”——尽管这句话听上去很荒谬。我的确存在于此，却不知道为什么，甚至永远无法了解为什么，我们不妨就这样承认自己的存在，放弃去理解这背后的原因。

生命是一种幻想吗？那么就相信这个幻想吧！一切都是相对的吗？那就选择一种特别的视角并深度挖掘它。让我们像生命有目标一样去行动，让我们自己给生命定一个目标。

真正的智慧不是揭开那些保护我们免受虚无主义影响的幕布，就像半吊子帕斯卡所做的那样，就像今天很多自以为高人一等的学者所做的那样。真正的智慧是拥抱这种虚无，并且选择用一种东西将其掩盖起来。按照社会习惯、风俗和主流价值观继续生活，但要知道没有什么东西可以证明它们的合理性。融入这个世界，享受生活，并承认生活不过是一出木偶剧，每个人都有自己的角色罢了。

这就是很多体力劳动者拥有的深度智慧，他们了解游戏的规则和空虚，同样也接受这种幻想。这种智慧的特别之处在于它无法被展现。保尔·瓦雷里[1]说，最伟大的智慧应该是不为人熟知的。实际上，有多少面包师，多少砖瓦工，多少牧羊人是“精明的帕斯卡”？又有多少人表面上是傻瓜，其实是变戏法的魔术师呢？不要瞧不起体力劳动者，那些藏在角落里的人和沉默的人，或许他们也瞧不起你，而你却不知道；用帕斯卡的话来说，也许他们保留着一种“背后的沉思”。

但也不要误解，我并没有说学者必然是空虚和自大的，就像我也不认为所有的实干家都是天才一样。人们当然可以成为并不自高自大的哲学家，就像人们也可以成为车手或面包师，忘记自身职业庸俗的一面。我要强调的是，不论从事体力还是脑力劳动，都要让我们的行为和言语保持一定的距离；简而言之，是不要把它们“过于放在心上”。

为什么我选择了车手这条路，而不是做一名哲学家呢？因为

[1] 法国象征派诗人，法兰西学院院士。著有《旧诗稿》(1890—1900)、《年轻的命运女神》(1917)、《幻美集》(1922)等。——译者注

过于严肃是有风险的。所有人都知道体育是一场游戏，它可以制造差距，避免了绝对化的欲望，比形而上学的论文要可靠得多！

无论体育多么重要，都没有人会辩护说足球比赛、自行车比赛或是拳击比赛是自然的事物。我们都知道，如果没有人管理这些活动并赋予其价值，它们就毫无意义。这种价值作为一种文化被人类接受，人们相信这些幻想出来的产物，同时也公认它们是庸俗的。就像希腊人相信他们的神话一样，人们也假装相信体育运动，但并未忘记它们的本质只是一种人为的创造。人们参与运动，因为它可以用来消遣。就像小孩子们说的，“就是为了开心”。

这就是为什么我要骑自行车。因为自行车可以创造故事，一个我既是演员也是观众的故事，而其他人看它就像看一部电视连续剧一样。既然一切都是幻想，那就接受虚构吧，对今天的我来说，骑自行车就是最适合这种心态的活动。

自行车运动是这样，写作也是如此。它同样让我和存在站在一起，处于存在之中。编写故事、演绎推理、玩弄文字和概念——正是这些极好的方法实现了我认为十分重要的那种有趣转变。只要人们不过度关注言语，只要人们有幽默感，只要人们还能沉浸在幻想和奇闻之中。

为什么我要写《骑自行车的苏格拉底》？为了好玩，就是这样。这其实已经足够了。

再也没有什么能阻止比赛开始了

好了。进行了几个月的训练，确认比赛的惯例，到高海拔地带训练，参加热身赛，一转眼来到了今天：几天之后，环法自行车赛就要从杜塞尔多夫开始了。

现在全城都沸腾了。描绘比赛路线的路牌随处可见，在 3 个星期的赛程中骑行 3500 公里，这就是前方等待着运动员们的艰难旅程。当地居民为自行车腾出了空间，商店也装饰成了黄色。德国人民的夙愿终于达成：重新发现环法自行车赛的魅力！

运动员们——希腊人、德国人以及其他国家的人却没有心情庆祝。他们专注地等待着比赛，渴望着竞争。尽管他们已经依照惯例，在作为前奏赛的计时赛前一周到达了比赛地，却依然感觉时间紧张，这让他们越来越没有耐心。

很奇怪的巧合是，希腊队和德国队入住在同一间酒店——利特内高档酒店。在大厅里，记者们轮流采访着运动员们。运动员们准备了好几个月，但环法大赛的疯狂还是大大出乎了他们的意料。平面媒体、电台、电视、广告视频、介绍会、见面会……简直是一场龙卷风。运动员连 1 分钟的自主时间都没有。车哲家的吸引力不但没有减少，反而增加了，尤其是在德国队招募了几位类似的车哲家（那几位加入的哲学家）的消息传出来之后。

运动员们履行着自己的义务。柏拉图阐述了自苏格拉底退出之后自己所承担的新职责。尽管他承担着实践哲学的责任，但他也想通过成绩证明自己是一位有天赋的年轻车手，就像他在多菲纳自由报赛——环法自行车赛前的最后一次大型热身赛上表现的那样。柏拉图还提到了他与亚里士多德的关系，他们两个的互补性，以及可能使他们对立起来的紧张关系，但他们必须克服这一点。最后，他介绍了队伍的成员，队伍扩展成了一个希腊-拉丁联盟，队员包括第欧根尼[1]、赫拉克利特[2]、马可·奥勒留[3]、马基雅维利[4]（他用策略巧妙地得到了车哲家们的认可），甚至还有普罗提诺——他用无休无止的纠缠通过了遴选。爱比克泰德[5]是运动员们的经理。

记者们总是重复问同一个问题：“哲学在自行车运动上的意

[1] 古希腊哲学家，犬儒学派的代表人物。他的真实生平难以考据，但流传着大量关于他的传闻轶事。——编者注

[2] 古希腊哲学家。“人不能两次踏进同一条河流”便是他提出的。著有《论自然》，现有残片留存，因其文章晦涩难懂、富有隐喻而得到“晦涩哲人”的称号。——编者注

[3] 罗马帝国最伟大的皇帝之一，其斯多葛哲学著作《沉思录》流传至今，有“帝王哲学家”的美誉。——编者注

[4] 文艺复兴时期意大利政治家、思想家。其“政治无道德”的思想常被概括为马基雅维利主义，被视为权术和谋略的代名词，代表作是《君主论》。——编者注

[5] 古罗马著名的斯多葛学派哲学家。——编者注

义是什么？”通常柏拉图都会这样回答：理论的思辨在自行车运动之外肯定是有用的，在一定程度上，可以让他置身事外，释放压力，放松自己。但对自行车运动来说正好相反，它只会产生阻碍。当遭遇围攻或临近短距离冲刺时，没有时间分析整场比赛的状况，要凭借直觉迅速行动。他看了一眼亚里士多德，补充道："先有感觉，才有智慧。"

也许在阐述这些的时候，在向记者解释希腊－拉丁队中只有车哲家是因为对他和队友们来说，没有行动就没有思想，没有实践，默观[1]也毫无意义的时候，柏拉图保留了自己的想法。谁知道在呈现给记者们的表情背后，柏拉图真正想的是什么呢？

两步之外的弗洛伊德正侧耳倾听柏拉图的话，将希腊对手的话解读为对他的队伍含沙射影的攻击。实际上，德国队选择了另一个战略性的选项，没有"绝对车哲家"那么激进：组建一支混合了职业车手和哲学家的队伍。

有一些记者注意到弗洛伊德略皱了下眉头，他们从柏拉图转向了这位奥地利哲学家。弗洛伊德向记者们表示他不会发表言论，并将话筒转交到了德国队的公关负责人尤尔根·哈贝马斯手中。想要亲笔签名的粉丝和想要寻找好主题的特派记者混在一起，处在人群中央的哈贝马斯试图组织起讨论。

"每个人都有绝对的自由去提出自己想问的问题。"他将这句

[1]基督教术语，通过冥想或者祷告来感受上帝的力量。——译者注

话重复了好几遍。记者们很直接，问道：

“一部分是车手，另一部分是哲学家，他们都聚集在同一个队伍中。你们不觉得这种人员组合方式有一些刻意吗？这难道不是一种广告吗？在希腊队中，运动员既是车手也是哲学家……”

尽管没有触犯什么禁忌，但这个问题也让哈贝马斯很困扰，他带着些许被激怒的口吻，回答说这不是重点问题：

“哲学家是不是真正的车手不重要。体育运动，就看成绩！在爱因斯坦的推动下，马克思和弗洛伊德加入队伍以来（海德格尔最终没有留下来），阿尔蒂希、乌尔里格、扎戴尔和他们的同伴的表现都大幅度提升了，这就是‘哲学的影响’。就算哲学家们自己不骑车，他们也能通过建议帮助其他人，让队友们更闪耀。对有些人，是帮助他们反思和解释，对其他人则是行为和综合分析上的帮助！先生们，今天到此为止。请让我们的运动员在比赛来临前休息一会儿吧。”

马克思听完这篇刚刚发表的官方讲话之后撇了撇嘴，和其他德国运动员一样离开了。看上去他不想休息，对现在的情形也不满意……但是他没有机会表达自己，哈贝马斯快速叫停了整个讨论。然后，记者们还要去看法国队，他们之中似乎也有很多好目标：帕斯卡，一颗看上去未来大有可为的新星；柏格森，一位经验独到的运动员，对于体育总是夸夸其谈，长篇大论；还有一个叫让-保罗·萨特的人，他得到了队伍经理的头衔，其制造争议的行为久负盛名……这些都是报纸大卖的保障。

环法自行车赛开始前的下午就这样过去了……运动员、记者、主持人，在这座 7 月的大剧场中，每个人都有各自的职责。柏拉图不是傻子，他很清楚，人们来看他，是因为他独特的双重身份。当他大发牢骚，当他反对陈词滥调的诱惑时，总是保持着一种姿态。这当然很有必要：没有外壳的动物会被吃掉，不把自己视作另一个人的人也会被吃掉。成为媒体人物——一个超级英雄，是对自我的保护。

记者和公关负责人也隐藏在他们的职责背后。确保一定的姿态与自我陈述，都是他们明确的职责。他们的职业就是这样，提出让一些人不快的问题，并试图躲避他人。最终，所有人都知道将要发生什么，因为所有规则都是提前制定好的，就像一局国际象棋，在一定程度上预测未来是可能的。只有一件事依然未知：运动员的真实身份是什么？麦克风后面的人是谁？这个隐藏起来的人有选择的权利吗？

马克思和弗洛伊德更没有逃过这场盛大的人间喜剧。一个人采取赌气的态度，另一个人则像是神秘的探索者，他们都没有表达出内心最深处的感受。他们只表达出了某种感觉，为了被传达出去而建构出的感受：一个是和领导意见不同的运动员，另一个则是被打断了话语的智者。但是在我们的两位新车手身上，内在的真实情况又如何呢？没有人真的知道，更没有人感兴趣。“我即他人”，就像其他人说的一样。“我”只不过是一个游戏。

当每个人都把真实的自己隐藏在衣服里面，都在装模作样的时候，突然发生的一件事产生了戏剧性的效果：苏格拉底从自行车上下来，满身泥浆，径直朝酒店的大厅走去！他左脚的鞋子没有了，还明显瘦了不少。所有人都目瞪口呆地看着他。苏格拉底毫不在意，对其他人打量他的眼神也漠然处之。他一脸狡黠地走到前台接待处，询问是否还有位置。“酒店里吗？”“不，是环法自行车赛！”

看到接待员一脸困惑的表情，亚里士多德面带微笑地过来救场：“你在环法自行车赛上当然有位置！我还想说，你让我们一顿好找！这事你可别抵赖。”他完全没有因为苏格拉底的回归而恼怒。在埃特纳火山的事件中，他明白了苏格拉底并不是给队员带来阴影的领导，相反，他是迫使他们进步的人。至于是谁真的从火山口跳了下去，他甚至都不感到好奇，因为苏格拉底已经在这里了。其他哲学家们也是这样。哲学从震惊开始，却不需要一个答案来驱散这种震惊。

之后，柏拉图赶来问候苏格拉底。现在他已经学会为了自己而骑自行车，已经完全能够独立地自我表达，还说已经准备好在队伍中担任头脑清晰的领骑。而后来加入的马可·奥勒留和第欧根尼也争先恐后地和苏格拉底说话：“你就是我一直拼命寻找的那个人，你就是那个人。”所有的车哲家都围着“归来者”。只有普罗提诺没有来。爱比克泰德对他说，他在选拔中被替换掉了。这个年轻人对此并不生气，他甚至还很高兴，他已经得到了想要的东西：和乌尔里格的自拍合影。

简而言之，在举办环法自行车赛的山脚下，希腊 – 拉丁队的所有队员都高兴地围着苏格拉底。而当他们相互拥抱，彼此祝福的时候，人们感觉到队伍里诞生出了一股冲劲，这是勇攀最高峰所必需的冲劲！

有些记者似乎也被眼前的景象感动了，他们已经开始计划写一篇关于“只有环法自行车赛才能带给我们的伟大的真实时刻”的文章。但其他人对这意想不到的回归保持着警惕：这是真实的即兴表演，还是特别编排的战略呢？

德国运动员没有问这个问题，他们故意营造出轻松的气氛。时间不是用来仇恨和打嘴仗的。真正的进攻将会在几天之后，在自行车上，在环法自行车赛的赛道上进行。这种演讲、准备和思考的时间，将会自然而然地在行动中、在运动员间的较量中被冲淡。

这一刻从未如此接近。场地已经布置好了，所有的人也都就位了。比赛的到来已经不可阻挡。

2 开启比赛征程！

第1赛段　闯入者

“30 秒……10 秒……5，4，3，2，1！新一届环法自行车赛正式开始啦！这次的开幕计时赛就在杜塞尔多夫的街头展开。本届环法自行车赛可谓是备受瞩目，可能比过去的任何一届都更受关注。通过‘国家队’概念的回归，组织者们希望激发大家的爱国情感，获得新的观众。这届比赛也向拥有独特背景的运动员敞开了大门，比如人们常常提及的这些著名的车哲家……”

“说得没错，蒂埃里。顺便说一句，第一个来到起跑线的这位运动员，正是希腊队的一员。他原本不在参赛者的名单中，他的出现是个惊喜，毕竟在赛季之初初露锋芒之后，他非常奇怪地‘在雷达上消失了’。他回来得正是时候，替换了状态不佳的普罗提诺。你们肯定都知道了，我说的正是苏格拉底……”

“没错，洛朗。紧跟在苏格拉底后面的是里夏尔，骑着我们的摩托车，见证着这位车哲家环法赛之路的伟大开始……”

“不好意思，蒂埃里，我打断一下……实际上，我现在就在全神贯注地骑着自行车的苏格拉底后面。他踩踏板的节奏恰到好处，位置也近乎完美，没有任何的能量损耗。总而言之，苏格拉底向我们展现了计时赛应有的样子……”

“谢谢，里夏尔。其实我对此毫不惊讶，因为我们都知道苏格拉底是位经验丰富的运动员，而且是个人赛的专家。因此，他能完美掌控这样的比赛。而且也看得出来，他将抓准时机……”

“你知道，蒂埃里，计时赛是一场对抗自己的比赛，重要的是要了解自己。要尽可能保持规律的节奏，充分掌握体力的上限，不要太慢——因为损失的时间无法追回，但也不能太快——有可能体力不支。计时赛的艺术在于如何在过度谨慎和出格（或是像我们的希腊朋友所说的‘傲慢[1]’一样）之间找好分寸。”

“洛朗，我都忽略了你在哲学上还有这样的能力！无论如何，可以确定的是，苏格拉底对自己的了解非常完美，因为现在，根据我们的计时器，他和雅克·恩奎皮尔——同样觊觎这场计时赛胜利的几个人之一，差距只有两秒！在经历了没有比赛的几个月之后，人们还在疑惑这支希腊-拉丁队的领头人是谁，而现在我们已经得到了答案！这就是冠军！”

“不好意思，蒂埃里，我打断一下……”里夏尔骑着他的摩托，“杜塞尔多夫的街道上正在发生一件非常不可思议的事情！你们也知道，比赛路线是要沿着莱茵河岸走个来回，车道已经分成了两部分，因此，我能够一边跟着苏格拉底，一边观察在他后面出发的车手们。我想我刚才看到了一位车手，他并没有出现在参赛

[1]在古希腊神话中，傲慢是指挑战神明的行为。——译者注

者的名单上！由于现在的速度，我没办法认出他，但是……”

“请等一下，里夏尔。我们有从直升机上发来的图片。实际上，有一个人似乎在最后一刻毛遂自荐……他炫耀着自己中立的队服，没有号码布，也没有汽车跟着他。这简直不可思议！怎么可能呢？等一下，他追上并且超过了一个西班牙竞争对手！里夏尔，尽力拦住这个人，想办法得到一些信息……”

几分钟之后，不明身份的运动员到达了终点。

“请让开，请让开！体育频道，我们有优先权！先生，一句话，一个问题，我们想要一个回应，就一个：你从何处来？你刚刚的表现非常好——暂时位列第三，你是谁？”

“人们叫我眼镜蛇，因为我可以在山间穿梭。”车手一口气回答了他，“或者是西尔斯－玛丽亚之鹰，因为我可以在山间飞翔。又或者是查拉图斯特拉，天生的攀登者。我真正的名字是尼采……”

“等等，请稍等！您说您是攀登者，但是您刚刚是在平地赛道进行了卓越的演出！为什么您没有加入某支队伍呢？等等，请稍等！尼采，这难道不是一位哲学家的名字吗？”

这时，四名警察走了过来，迅速带走了尼采，把他带到了一个隐秘的地方。在周围吵闹的环境下，里夏尔听到了远处传来的声音：“超越自我而不是了解自我！”“国家是所有冷血怪物中最可怕的！”

几个小时之后，环法自行车赛组委会发布了官方公告：

今天，一名没有出现在官方参赛者名单上的德国籍运动员，参加了环法自行车赛第一个赛段的比赛，各支信号队都没有发现。经过与当事人沟通，在组委会的评委会成员商议之后，考虑到运动员呈现出的有说服力的表现（非官方计时员认为他排在这一赛段第10到第15名之间），考虑到公众的热情反应，特决定将弗里德里希·威廉·尼采额外纳入本届环法自行车赛中。他的号码牌将是199号，并从今天起被视作一位竞争者。根据尼采先生的意愿，他不会加入任何一支队伍，而将举着中立的旗帜作战。但是，尼采先生突然加入比赛被视为严重的违规行为，将受到惩罚。他将会被处以1万瑞士法郎的罚金，依照惯例，应在3小时内支付。鉴于这名运动员在杜塞尔多夫的计时赛上缺乏官方的计时成绩，现将其名次安排在队伍最后，骑行时间与最后一名相同。

组委会评审，杜塞尔多夫，×年×月×日

“洛朗，多么惊心动魄的一个赛段……恩奎皮尔一直遥遥领先，临近终点时却被布拉德利·罗素[1]超过，后者出人意料地获得比赛中第一件黄色领骑衫；而苏格拉底作为学院计时赛的发起人，技巧上简直完美无缺，获得了第四名；最后这位著名的尼采，由于他现场令人印象深刻的表现，被邀请参与这届盛会——我们已经顺利完成本日在德国举行的盛大的首站赛的报道！环法自行车赛，顺利开始！”

“是的，蒂埃里。这就是环法自行车赛，这就是魔法。而且我要说：如果哲学是从震惊中获益，那么环法自行车赛就是在意外中生存。这正是它的美丽之处……”

“洛朗，我发现你今天明显受到了很大的启发。就用这些美妙的话语来结束今天的报道吧。感谢大家，感谢里夏尔，感谢收看体育频道的所有电视观众，明天让我们继续关注这部 7 月播出的伟大连续剧的续集！运动万岁，环法自行车赛万岁！”

[1] 原文是 Bradley Russell，可能是影射 Bertrand Russell（伯特兰 · 罗素），英国哲学家，1950 年获得诺贝尔文学奖，主要作品有《西方哲学史》《哲学问题》等。——编者注

你的名字不在官方参赛者名单中。
我是尼采……
你将被罚一万瑞士法郎。

第2赛段　奥卡姆的剃刀

每天比赛开始前的一个小时，每支队伍都会在大巴车上做赛前简报,这是环法自行车赛的传统。体育经理可以借着这个机会，讲解路线和天气，并对接下来的比赛进行战术指导。

在德国队的大巴上，人们已经感觉到了选手肩上的压力。昨天计时赛的结果令人非常失望：前二十名中没有一个德国人，排名最靠前的乌尔里格是第二十三名。

自从爱因斯坦走后，德国队就没有真正的体育经理了，延斯·沃格特——最有经验的队员担起了队长的职责。队员们对他很有信心，他也能完美地处理好职业运动员和后来加入的人之间的关系。现在是做简报的时候，他说点什么也理所应当。

“小伙子们，让我们开门见山地说吧。昨天，我们的表现确实不好。毫无疑问，在同胞面前我们压力太大，我们不知道如何应对外界如此多的要求，那个可恶的尼采的突然闯入又分散了我们的注意力……但说实话,这些理由都不重要。昨天已经过去了，这个小丑已经受到惩罚。我们要立刻动员起来，向着新的目标进发，就从今天开始。根据赛程安排，从杜塞尔多夫到列日的赛段有 202 公里。其中有三个山地爬坡点，它们被排在第四类，没什么难度，把它们列入赛程只是为了红白斑点衫[1]。除此之外，赛道都相对平整。西风每小时 20 公里，可能有小雨。这就是技术数据了。现在，你们想采取什么策略？”

“要转为攻势，要展示自我，要进攻！”马克思马上振奋了起来，“从一开始，就要向着前方进发，要努力坚持直到终点！”

“在现代自行车运动中，想从一开始冲刺到最后是白日做梦。”阿尔蒂希反驳道，“攻击性的骑行只是为了展示队服，但既然车队赞助商已经没了，也就不需要打广告了。你会在前面 180 公里耗尽体力，在最后，大部队觉得时机成熟时，就会追上你了。我们不是来为‘自行车运动欢呼’，开‘自行车的香槟会’的，我们也不是自行车浪漫主义者。我们要的是成绩。我的策略是这样的：在终点前 35 公里的转弯处，原本的逆风会变成侧风。我建议，我们应该跟紧领骑队伍，然后大家一起在某个时刻突然加速，用斜线阵[2]战术把大部队冲开！”

延斯 · 沃格特赞同这个野心满满的提议，但是他注意到，事实上风并没有强劲到支持这种战术，同时，根据地图，转弯的地方有很多树木（会把风挡住）……此外，弗洛伊德提出，他不知

[1]环法自行车赛上奖励爬坡成绩最优异者的专属服装。——编者注

[2]原文 bordure，是环法赛中的一种战术。当大风斜着吹来，会将大部队分成若干小组，这样车手就无法受到大部队的庇护。他们会失去联系，失去有利位置，损失大量的时间。——编者注

道“斜线阵战术”是什么意思，也不知道这种借用埃俄罗斯[1]来拆分队伍的艺术有什么意义。这个问题可就严重了！

在大巴里，大家犹豫不决，也没有任何战术提议。扎戴尔说道：

“说实话，尽管这两种战略——斜线阵战术和早期冲刺甩开大部队——截然不同，但它们都有同一个弊端：相对于体力的消耗，成功率太低了。一路都搞斜线阵战术不太可能。但是我们也要让自己从大部队中摆脱出来，还要在最后30公里前就建立优势并保持下去。如果我们采取这样的策略，就要留意别的队伍的反弹！而对于从一开始就进攻的战术，我同意鲁迪的想法：这会消耗大量体力，但很可能徒劳无功……目前这两种选项都让我感觉过于复杂。我想到了爱因斯坦离开队伍之前曾对我说的话：‘一切都要尽可能地简单。’昨天，我听到罗素在赛后采访时说，如果他胜利了，就归功于他的教练，一个叫奥卡姆的威廉的人给的建议。这让我想到了爱因斯坦的话。奥卡姆的威廉提出了一个原理，人们称之为‘奥卡姆剃刀’，它的内容跟这句话差不多：‘要用尽可能少的方式达成目的。’也就是说，在可以简单化的时候，为什么要复杂化呢？罗素昨天精打细算地完成了计时赛，找到了最优化的路线，采用了一种最为高效的骑行方式，以一种最完美的线性方式管理他的行动，结果就是赢得了计时赛。现在，我问你们：在平坦的赛段，没有明显困难的情况下，什么是赢得环

[1]希腊神话中的风神。——编者注

法自行车赛最简单的方式？肯定不是在终点前 40 公里处冒着很大风险的进攻，更不是在出发之后就开始靠拢。不，我们应该做的，是明智地等待大部队，在路上节省体力，看着前面的冲刺者筋疲力尽，让英国人做好他们该做的事情，保卫罗素的黄色领骑衫……而在终点前的 1 公里处冲向前方，整支队伍排成一条线，成为通往地狱的火车。我将在最佳位置进行最后的 200 米冲刺，成为第一个到达列日的人！让我告诉你们：冲刺才是车手的剃刀！”

沃格特也认为冲刺是赢得自行车比赛最好的方式。

现实有时候是残酷的：有人可能在几乎整场比赛中都领先，但在终点前几公里落入下风。冲刺一旦开始，就是猫抓老鼠的时候了。每当此时，这些猫，冲刺之王，就会行动。一整天都毫不显眼的运动员也可能在领奖台上享受荣誉。这也许不公平，但现实正是如此。如果人们想务实一点，就要认清一个基本事实：想最大程度地提高自己在平路赛段获胜的概率，就必须把赌注押在冲刺上。

在德国队的大巴车上，每个人都同意扎戴尔的策略，包括马克思，大家心里没有一点儿不服气。这对他们来说是好事，当天的比赛几乎完全按着预先设计好的战术进行。一开始有四名骑手甩开了大部队，紧随其后的是守卫黄色领骑衫的英国队，他们在比赛的大部分时候一直保持着两到三分钟的差距。而后，在几名冲刺队员的帮助下（其中包括弗洛伊德），德国人逐步缩小了与前面的运动员之间的差距，在距离终点 1 公里的地方，他们夺回了领先地位。阿尔蒂希在最前面，开始他的冲刺；而扎戴尔在距离终点还有 150 米的地方突然冲出来，在列日的街道上以 3 个车身的优势成功撞线。感谢奥卡姆的威廉！

第3赛段　变身

第三赛段的比赛把运动员们带到了坐落在列日南边、过去是工业城市的韦尔维耶，以及位于比利时卢森堡边境的法国小镇隆维。终点安排在海拔 1500 米的山顶,平均坡度大约是 7%。当然，考虑到接下来等待着这些车手的赛段，这个困难他们必须克服。这是本次环法自行车赛中第一次出现真正的爬山路段，也是一个测试自己和对手的机会。第一个紧张时刻……

最后的难点，是一条狭窄而又曲折的小路。这条路不能保证让所有人通过。在大部队内部会有摔倒和爆胎的危险，这一点很重要。因为这种失误浪费时间是很可惜的，特别是在这种理论上并不关键的赛段。有一条公认的法则：在隆维你可能不会赢得比赛，却可能输掉它。

在最后一个山坡脚下，运动员们已经摩拳擦掌了。所有队伍都已经排列好，准备出发。要不停地挤占别人的位置才能保住自己的位置。真要命。

希腊人也参与了这场位置大战。他们重新组成一个小队，努力维持自己在大部队中靠前的位置，由第欧根尼领头，保持着队伍的紧凑。他们必须表现出竞争力，才能获得尊重。

有些对手试图压制年轻又缺乏经验的柏拉图，这是一种恐吓战术。希腊运动员没有放任这种行为。他们离得很近，决定再努力一下，为他开路，下一个弯道他就冲入了领先集团。比赛快结束了，在这群过于激动的冲刺选手中，柏拉图想要证明，他不是一只默默无闻的蜜蜂。

“人对人是狼。”英国队的一名队员，霍布斯，习惯性地重复着这句话。与其说大部队像一大群飞虫，不如说他们像是一群猎人，身处其中的每个人都只想着确保自己在人群中至高无上的优势。自行车运动是一种暴力运动。体育就是暴力。

弗洛伊德也冲到了大部队前面，给本队的领导者抢位置。他扪心自问：这难道不是他的职责吗？体育比赛难道不是我们动物本能的一种自由释放吗？身体一定会因此欢呼雀跃。在我们的社会里，一切都处在控制之中，头脑不能越矩，肉体也总是不断被禁锢。但体育运动是一种阀门，让我们最终可以自我释放。更何况，体育的制度化结构将我们的基础本能转化为一种英雄主义的行为，赋予它们价值。那个词是什么来着？哦，对了，升华！

弗洛伊德可能有时间在自行车上思考，但柏拉图暂时抛下了哲学，将全部注意力都集中在不要给对手让哪怕一个机会上。他的对手们惊讶地发现这位车哲家竟然依旧处在领先集团！对那些有能力的车手来说，最后的冲刺即将展开。他们告诉自己，哲学家们都是很和善的。当赛况变得更加激烈的时候，当距离山脚还有几百米的时候，当150位车手都希望冲到最前面，可是那里只有20个位置的时候，当所有人都时刻准备着、耳朵里充满了嘶吼声的时候，哲学家们会刹车的。他们实在太让人尊敬，太正派了。在即将决出比赛结果的关键时刻，他们既缺少为胜利不择手段的心态，也缺少在赛段最后关头所必需的经验。在赛季初的古典赛时，这一点就已经显露出来。

然而这一次，柏拉图想到了春季的时候，那些由于不够果断而造成的失误。他冒着全部风险冲向最前方，决心以第一名的成绩完成最后的冲刺。两个比利时运动员则试图挡住他的去路，但他强行挤了过去。就这样，他超过了10名运动员！速度已经超过60公里1小时了……到了山脚下，他已经在前十名之中。真是绝佳的位置。

位置的争夺是纯粹、野蛮、彻彻底底的身体暴力。1500米，这没什么，不过是10分钟的高强度骑行。但最后这2分钟是多么激烈！柏拉图憋住气，几乎是站在自行车上骑过去的。他的大腿间闪着火花，肺里都是铁味，耳朵里塞满了观众的欢呼声。他努力争夺，抢到了在这个赛段非常棒的第四名，也就是说拿到了白色领骑衫（最佳青年车手）。

越过终点线之后，一群记者从四面八方冲过来围住了这位希腊运动员。绿巨人变回了布鲁斯·班纳[1]，海德先生变回了杰基尔医生[2]。柏拉图平静而庄重地回答着他们的提问，相较于几秒钟之前那个暴躁的柏拉图，此刻的他回归了理性。

[1] 美国漫威漫画中的人物，原为一名物理学家，因受伽马射线辐射，在情绪激动时便会变身成绿巨人。——编者注

[2] 英国作家史蒂文森的小说《化身博士》的主角，杰基尔医生和海德先生分别是该人物变身前后的身份，前者象征善，后者象征恶。——编者注

第4赛段　被扭曲的时间

在环法自行车赛期间，《星球报》提议，请柏格森撰写每日见闻，让读者更真切地感受运动员的生活。柏格森接受了，他认为这是一座讲坛，可以吸引对自行车运动感兴趣的公众。第四赛段没有什么大的起伏，是留给冲刺型选手的一场没完没了的比赛。趁这个机会，柏格森对“人们如何看待环法自行车赛特殊的时间性”进行了研究。下面就是他关于这一问题的专栏：

“环法自行车赛是一台扭曲时间的机器。有哪个坐在汽车里的体育经理从未面对过这个特别的真相：一段 5 小时长的平地赛仿佛永远不会结束，而 5 小时长的山地赛就像是一闪而过？大部队穿行于田野间的时候会让人昏昏欲睡，吹响进攻号角的时候又让人激动昂扬，哪位 7 月的电视观众没有经历过这些呢？

“一个小时的比赛可以既无聊又令人兴奋，而环法自行车赛有能力让时间变得相对化，或者至少给人相对化的感觉。如何解释这种时间生物学上的古怪行为呢？是夏季酷暑产生的效果吗？还是电视中传出的直升机的隆隆声有催眠的效果？又或者是柔和的音乐像毛毯一样包裹住了我们的文化遗产？都不是：电视观众只是经历了我所说的绵延[1]。

“说到绵延，我指的是感受到的时间、意识到的时间，而不是客观的时间、科学的时间、时钟显示的时间。后者是不可缩减也无法延伸的，但绵延源于不同人的感受，会有所不同。一段平坦的平原之旅和一段令人激动的山地之行可能需要同样多的时间，却有着不同的绵延。论证完毕。

“车手也逃不过绵延的现象。就像车迷一样，在无事发生的平地赛段，车手也会被无聊征服。每 10 分钟，他们都会看一眼计时器，希望已经过去了 30 公里，却气愤地发现，他们距离终点不过接近了 8 公里……

“同样，当蹬车频率加快时，比如在山口，一名车手要费力地跟上队伍的领骑，1 分钟感觉起来就像是 10 分钟。著名前经理人爱因斯坦说过：‘随着大部队速度的提升和肢体痛苦的加剧，时间会膨胀。相反，如果一位运动员身体感觉很好，对比赛充满了欲望，一场 220 公里的比赛对他来说就只有 100 公里。’

“这就意味着，我们要毫不拖延地前进，以免读者觉得无聊——这也证实了环法自行车赛的美丽和特殊性。要知道绵延和客观时间之间存在着完美的错综复杂的关系。就像其他的自行车比赛一样，环法自行车赛就是个计时器，是对抗客观时间的‘计

[1]柏格森最早在《时间与自由意志》中提出的基本哲学概念，他认为，数学时间是空间的一个形式，所谓的“绵延”才是对生命重要的时间。——编者注

时赛’，运动员必须严格控制时间，以保住自己的运动衫，或是逐渐蚕食其他人的位置。对时间的掌控是个智力问题、策略问题、计算问题、耳塞问题和动力传感器问题。从这个意义上说，环法自行车赛是一项严谨的运动。

“与此同时，在比赛中，绵延是最常见的，人们的感受往往先于他们的理解。在环法自行车赛中，总是有一部分人抵抗科学，他们凭借令人眼花缭乱的直觉舞动了一曲有序的华尔兹。是查理·高尔[1]从第一个山口开始就猛烈对抗任何理性。是博纳·伊诺[2]在香榭丽舍大街上猛烈进攻。前者是一个在山地比赛时冲刺的人，后者是一个让所有资深车手都惊讶的不知名车哲家……

“观众、经理、车手们经常在7月感到无聊，但坦率地说，我们所有人都喜欢在环法自行车赛期间享受无聊！”

[1]卢森堡人，曾获得1958年的环法自行车赛冠军。——编者注
[2]法国著名自行车手，五次获得环法自行车赛冠军。——编者注

第5赛段　命运攸关的时刻

事实上，除了最后的冲刺，前一天的赛段几乎没有任何意外，而车手们今天来到山上，要完成沿孚日山脉的骑行，登上著名的美少女高地，这意味着要面对一段大约 6 公里的上坡，以及几条坡度将近 10 度的小路。这样的赛段正是环法自行车赛大受欢迎的重要原因。

苏格拉底不擅长这一类型的赛道，但是他依然要在这个赛段留下自己的印迹。前一天，他因为终点前 4 公里突如其来的技术问题，傻乎乎地错失了 30 秒，而今天，他要追回差距，还希望在所有知名车手的眼皮底下，在美少女高地的顶端获得胜利。

希腊人成竹在胸。在第一个可怕的斜坡，一条笔直的仿佛没有尽头的路上，第欧根尼在大部队前方掀起了恐怖的节奏。在路上，亚里士多德——处在一片天蓝色的第二阵营中——准备好在这位犬儒学派[1]车哲家退开的时候迅速补位。苏格拉底专注地跟

[1]古希腊的哲学流派，由苏格拉底的学生安提西尼创立，信奉者被称为“犬儒”，字面意思为“像犬一样”。主张不要政府、不要私有财产、不要婚姻、不要确定的宗教、拒绝一切社会习俗。第欧根尼是其中的代表人物。——译者注

着他，对于兴奋的人群毫不在意。穿着白色领骑衫的柏拉图则有所保留。他将是最后一个进入美少女高地的领骑者。

大部队的规模在肉眼可见地减少。在 1 公里的上坡之后，第一组只剩下了 30 个人。当亚里士多德在坡道中段取代第欧根尼后，节奏又加快了。运动员们一个接一个地放弃了。穿着黄色领骑衫的罗素也开始感到吃力。听到欢呼声的苏格拉底受到鼓舞，又开始了新一轮的冲刺。只有 4 名车手可以保持速度，包括柏拉图。在这第一次的山上对决中，希腊人明显给了对手一个巨大打击！

现在距离终点只有 1 公里了。一个小缓坡让大家喘了口气。领头的几个人互相看了一眼。转变战术。苏格拉底不希望看到后面的竞争者重新跟上，他要求柏拉图带队冲向终点，这意味着要多消耗 20% 的体力进行极限冲刺。柏拉图做到了。

终于到了决定命运的时刻，在终点线前 300 米的大角度弯道，苏格拉底从后方冲了出来。他的对手都很惊讶，以至于反应慢了一些。太晚了，苏格拉底已经撞线。赛段冠军属于他！

站在领奖台上的苏格拉底当然很高兴。他实现了自己的目标，证明了自己是个真正有天分的车手，而不只是那些媒体为吸引读者而宣扬的符号：一个会骑自行车的哲学家。

然而，在回到大巴的路上，苏格拉底捧着胜利者的花束，看上去却并不满足。他遇到了已经洗完澡、正在和帕斯卡交谈的柏拉图，颁奖仪式结束的时候，帕斯卡刚好撞线。

苏格拉底真诚地对他的年轻队员给予他的珍贵帮助表示感谢。谦虚的柏拉图一边走一边说这没什么，他只是在履行自己的职责。对于眼前的景象，帕斯卡感到很震惊。他惊讶于这位美少女高地的英雄竟然如此冷静，他希望能在苏格拉底身上看到澎湃的激情：

"你笑一笑啊！"他对苏格拉底说，"叫呀，唱呀，跳呀！你刚刚赢得了环法自行车赛一个赛段的胜利。你知道这意味着什么吗？为什么还皱着眉头呢？"

帕斯卡没有点破，但实际上，他知道为什么苏格拉底缺乏这种激情。他看到了第三赛段的比赛结束后，在领奖台上，苏格拉底看向荷兰人斯宾诺莎的眼神。

欲望是人类的本质。而这种欲望的本质是什么呢？是那些我们不是、没有、缺少的东西。车手是永远不会满足的，以至于哪怕他已经是胜利者（这也不常发生，要知道，大部队里差不多有200名运动员），他也总会说自己可以赢得更多、赢得更好。

对运动员来说，没有比实现所有目标更糟糕的了。很多达到巅峰的运动员，并没有享受狂欢的时刻，反而对自己无法再摘到任何星星感到沮丧。人就是这样：当没有任何东西去争取的时候，就会退步。

比起满足于已经获得的，苏格拉底更愿意一直做一名追逐者。也许他赢得了一个赛段，但是他想要更多。他想要赢得神圣的运动衫，那件著名的黄色领骑衫……

第6赛段　自己即地狱

直到目前，法国队依然默默无闻。除了恩奎皮尔在开幕计时赛上表现卓越之外，法国人几乎没有什么亮点。不是说他们表现很差，事实远非如此：恩奎皮尔一直稳居总排名前十之内，让·瓦拉茨克好几次在冲刺时取得好名次，莫里斯·塔兰[1]的能力似乎也一天比一天强（尽管他的年龄也很大）。只有布莱士·帕斯卡，依然缺乏竞争力，在环法赛的开始阶段就很艰难。

法国队的表现总体来说中规中矩。但是媒体和民众的压力让法国运动员不能满足于屈居中游。他们必须表现得超群才行！他们必须让民众激动起来才行！

在第六赛段比赛结束的晚上，由于酷暑而变得格外漫长的一天即将落幕，萨特决定叫他的队员们一起做个简报。队员们度过了紧张而顺利的一天（就像比赛开始后的每一天），他们骑行在大部队中，但没有出彩的表现（瓦拉茨克是赛段第五名），没能

[1] 原文是 Maurice Tarin，可能是影射 Maurice Garin（莫里斯 · 伽兰），法国自行车运动员，1903 年第一届环法赛的冠军。——编者注

让大家眼前一亮。法国队的经理决定做点什么。

这场会议是在大巴车上进行的，8 点整（在按摩和晚餐之间），萨特开始发言：

“先生们，今天晚上我特别把你们召集在一起，是因为现在的情况让我觉得不甚满意。甚至可以说，让我很不满意。为什么这样说呢？因为一整天坐在跟着你们的汽车里，我都很无聊。你们从来没有让我激动过，也从来没有给我机会，让我产生‘会发生些了不起的事情’的期待！我有种感觉，你们沉迷于现状之中，完全不打算改变它。你，雅克，你怎么会对一直跟着别人的自己感到满意？你保住了前十名，这没问题。但是，如果你进攻，如果你冒险突破自己，也许你会达到更高水平！让，你知道你不是在抵达终点的大部队里最快的。要去冲刺，要敢于冲刺！也许你会发现自己需要多冲刺 400 米，但也许你就能达到目标……至于你，莫里斯，你还想在长距离冲刺中把自己的绝活隐藏多久？我们现在是在第四周吗？等我们到了巴黎，一切都太晚了……对布莱士保持现状，我没有异议。对他来说，到达巴黎就已经是胜利了，他每天都在后面思考着自己的秘密……但是你们其他人，为什么不能更努力些呢？迪昂特，再投入一些！你们想跟我说什么？这不容易，你们也不是在玩游戏，是对手阻止了你们完成你们想做的事情？这个逻辑是站不住脚的！多可怕的信念！你们为不想行动找的理由很荒谬。进攻的想法让你感到恐慌，是不是，让？情绪不应该限制你，正相反，它应该帮助你超越自己，因为这是你获得自由的象征。而你，雅克，你说什么？我没听太清楚……他人即地狱？也许……也许大部队就是座阴森可怕的监狱，用它的规则和习惯困住了你们。成群结队瘦削的车手把你们引诱到了悲伤和疏远的深处，但是谁真正阻碍了你们解放自己？当然不是我。相反，我把你们聚在这里是想激励你们追寻自由，让你们在这固定的赛程中一鸣惊人。与其在大部队激烈竞争的氛围里忍受可怕的夏日潮湿，不如去行动，去进攻！抓住这个机会！没有几个经理会说我这样的话。如果不敢踏出舒适圈，地狱可能就是你们自己……”

这些话说完之后，没有人敢插嘴。运动员们从大巴车上下来，一言不发，晚饭的时候也几乎不说话。他们在想什么？萨特想表达的信息准确传达到他们耳中了吗？还是说运动员和他们的领导之间失去了对彼此的理解？

我说过“他人即地狱”这句话吗？如果不敢踏出舒适圈，地狱可能就是你们自己！
……
……

第7赛段　阴沟里翻船

第二天，坐在跟在大部队后面的车里的萨特表现得很狂热。他守着电台，对电台发出的关于这一赛段的每一条细微的消息都严阵以待，甚至比前几天更加专注。他的眼睛盯着电视，想要在领先的队伍里找到自己的运动员——他们正准备开始新一轮激烈的角逐。

我们现在身处一处“伪起点”。离城市还有几百米，比赛的主席挥舞着旗帜标示中立路段的终点并开始放行车手。就这样，真正的比赛开始！一个德国运动员和一个法国运动员率先冲了出来。就像以前的平地赛段一样，大部队没有在意，甚至身穿黄色领骑衫的车手也停下来满足自己的生理需求。大家都默认，这种冲刺是他们会落败的信号。这样很好：他们就是今天的兔子[1]。

萨特不是不知道，这两个领骑者获胜的概率接近为零，而领骑的队伍不过是受到影响开始控制比赛的新集团，但他还是激动地在座位上扭来扭去，为自己昨天的话起到了效果而感到高兴。

[1]指那些试图冲出大部队，打乱比赛节奏的人。——编者注

但是前面的那个运动员是谁呢？肯定不是恩奎皮尔，也不是瓦拉茨克，毫无疑问是塔兰。塔兰是长距离骑行的行家。电视忽然无法正常工作了，车子穿过了一片树林，在那里天线接收不到任何信号。最后，环法电台传出了消息：

“两个带头的运动员，已经在 4 公里处领先了 45 秒，他们是 17 号，德国队选手，马克思；66 号，法国队选手，帕斯卡。”

帕斯卡？这不可能。组委会一定是搞错了！前几天帕斯卡连跟上大部队都很费力，他今天不可能这样进攻。

组委会对这两名队员的跟随教练说，如果需要的话，可以到前方跟队员们会合，给他们一些指导，提供一些补给，并根据需要维修一下车辆。萨特试图追上大部队，没有仔细观察后方，寻找有着固定步调的帕斯卡的身影。但是，这是真的：帕斯卡真的领先，而且似乎并没有费什么力气。

“冷静一下，我的朋友。你做得很棒了，但也不要太过拼命。这个赛段还很长，今天还要再冲刺一次。要记得喝水和吃东西，分配好你的体力，让你的队友们继续。无论如何，不管你骑得如何，都是大部队决定了最终的差距。”

萨特谨慎而专业地给出了建议，但是在他的内心深处，对这位新加入环法自行车赛的队员的表现感到非常自豪。帕斯卡这几天都表现不佳，但今天终于抬起头来，投入到了激烈的比赛中。尽管这是徒劳的，大部队早晚都会跟上；但不管怎么样，短暂的闪光也很棒。

在赛段的大部分时间里，大部队都将差距保持在 4 到 5 分钟之间。这差距看上去很大，但实际上不算什么：只要冲刺的车手们开始接力，领先者的优势就会以极快的速度消失。这就是大部队的力量……事实上，在离终点 50 公里时，差距已经缩小到了 1 分半。现在还太早，冲刺队伍决定稍微抬起脚，以免踏板的转速过快，遭到后来者的反击——那可比比赛结束前的两次冲刺难控制得多。

在前方，人们还没有失去理智。马克思和帕斯卡听从了萨特的意见，都在这个赛段的第一阶段尽量地节省体力，以便在最后阶段加速。当大部队想要靠近他们的时候,他们也没有改变速度。他们很清楚地知道,大部队过早重组对冲刺不利。总有那么一刻，他们身后的节奏会变慢，那才是猛烈加速的时机，这样可以出乎“大部队”的意料，并且增加优势。

因此，在终点前大约 50 公里的地方，队伍中有些人趁着大家减速的时候去解决排泄需求或是到车上找点水喝，了解到这些情况的马克思和帕斯卡决定拼尽全力坚持到最后。这是相当合理的策略，在下一个计时点，差距已经增加到了 4 分钟。当冲刺队伍重组的时候，相比于那些冲刺者，他们已经领先了 4 分半，距离终点还有 35 公里！

在车里，萨特浑身发热，眼睛也红了。是一直闷热的天气让人不舒服吗？不是，是肾上腺素在持续飙高。他开始相信他的新马驹获胜的可能性了！“冲啊，小家伙，冲啊！你在创造奇迹！”

他不停地冲着帕斯卡大喊，还把头伸出汽车，通过耳机呼唤法国队的其他人来前方，扰乱大部队的冲刺。

还有 3 分钟，就离终点只有 20 公里了……如果沙帕特法则[1]是正确的:“在早间冲刺时的最后 10 公里，只要有 1 分钟的领先优势，大部队就无法赶上。”这应该是可以做到的！但是这条法则在现代自行车运动中还会生效吗？毕竟在这个时代，冲刺者的集体力量越来越令人印象深刻。

但无论如何，没有人会计算自己的付出，眼前的终点就是全部。马克思和帕斯卡放空大脑，拼尽全力，就像在“巴拉齐奖杯赛”[2]上一样，在这场神话般的角逐中携手前进。而在后面，战斗也即将打响：不同队伍的十多名车手组合在一起，像一列巨大的火车，时刻准备冲刺。

在最后 10 公里的标志处，差距还有 1 分 20 秒……优势已经消失,但还是有机会的。因为大部队将会在最后几公里再次重组，背水一战，这对领先者是有利的。

哎呀！距离终点只有 8 公里，一段长距离的平缓爬坡处，马克思放弃了对帕斯卡的支援。对他们俩来说，想要取得胜利已经很难了，除非有什么壮举，甚至是奇迹……但是帕斯卡坚信，而

[1] 自行车手和体育评论员罗贝尔 · 沙帕特基于实践得出的经验论法则。指的是，在自行车运动比赛中，如果一个冲刺车手，相对于紧追其后的车手，在终点前 10 公里的地方有 1 分钟的领先优势，那么他就拥有绝对优势，能保证自己在到达终点前不会被赶上。——译者注

[2] 一项历史悠久的自行车赛事，开始于 1941 年。——编者注

萨特也相信他，认为没有什么是不可能的。

“加油，小伙子，拼尽全力！”经理扯着脖子大声喊，就好像他的队员还没有拼尽全力一样……“别算了，你已经胜利在望了。加油我的朋友！”

组委会告诉法国队的经理，大部队将在 1 分钟内超过领先者，这意味着按照规定，他不能阻挡在领先者和大部队之间了。就像比赛开始时那样，比赛最后，他只能将自己的信息远程传递给电视或者环法电台的编导，让他们转达给车手。

距离终点只有 6 公里的时候，他停下来让大部队过去。他要趁这个机会做好自己的计时工作。差距还有 35 秒，但通过耳机，他告诉帕斯卡是 45 秒。这是个小谎言，不过也许能够鼓励他的队员，帮助他赢得这一赛段。当大部队的前几名运动员经过他身边时，他试图分析他们的脸，想要从他们脸上看到痛苦的表情，但是速度太快了做不到。“冲啊，冲啊，帕斯卡！他们离你很远！你可以做到的！”

实际上，冲刺的大部队就在后面。他们一脸痛苦的表情，似乎马上就要放弃了，几乎无法加速了。只剩下 2 公里了，还有 25 秒。胜利在望了！

“加油，我的朋友！你快要做到了！想一想你是从哪里来的。想一想等着你的荣耀！想一想你的老婆和孩子！”萨特完全被自己的激情感染，甚至没有想过帕斯卡是否有老婆和孩子。他迟疑了一下，然后继续喊：“想象你将要赢得的永恒胜利！其他人还是默默无闻，而你的探索将会永垂史册！还剩 1 公里。加油，我的伙伴，哦上帝啊！他们还跟在后面呢，这些小恶魔，他们不会追上你的！千万别回头！回头就是怀疑自己，就会在几秒之内失去自己的优势，就会失败，就是认输。保持专注！加油，坚持到最后！马上就好了，马上就结束了……千万别转头，别回头……"

突然环法电台传来了声音："66 号选手帕斯卡，在 400 米的位置摔倒了。"

帕斯卡回头了。俄耳甫斯[1]多么绝望地看着他挚爱的欧律狄刻，他没办法阻止自己看向后方。他本可以赢得比赛，他只是想评估一下，好确保自己的优势，然而就这样在阴沟里翻了船。看向后方的帕斯卡没有注意到路上有一道沟。他的前轮嵌在了沟里，他无法保持平衡，梦想就这样幻灭了。

萨特沮丧地握着汽车的方向盘，伤心欲绝。"我们被诅咒了，被诅咒了……"他不停地哀叹。

[1] 希腊神话中的一名音乐家。他的妻子欧律狄刻在婚宴时死去，痴情的俄耳甫斯追到地狱，用音乐打动了冥王，同意复活欧律狄刻。冥王告诫俄耳甫斯，离开地狱前切不可回头。但就在离开地狱前的一刻，俄耳甫斯无法抑制心中的爱意，想回头确认爱人是否在自己身后，导致爱人欧律狄刻重新堕回了冥界。——译者注

第8赛段　酒神上场

在环法自行车赛中，没有时间怜悯自己的命运，没有时间屈服于绝望，也没有时间安抚情感。伤口很深，你必须打好绷带迎接下一天，因为每个早上都要开始一场新的冒险。

这一天，在第八赛段，还会有什么意外发生呢？现在说这些还为时过早。我们能说的，就是这块比赛场地：穿过汝拉的180公里的路程，如人所愿地有一些起伏；这是一个真正起伏平缓的、适合比赛的赛段！

我们也可以介绍一下现在各个车手的实力、这个赛段的关键和每个人的野心。每个人的目的是不同的，有时甚至是对立的：很多人想加入当天的冲刺队伍，这是获得赛段胜利的最好机会；而帕斯卡，只想在既定的时间内完成这一天的比赛，从昨天巨大的体能消耗以及摔倒引起的酸痛和挫伤中恢复过来；斯宾诺莎试图保住自己的黄色领骑衫；而苏格拉底则想把它抢走……

但是斯宾诺莎似乎很强，想要打败他很不容易。尤其是，他有一支稳健的队伍可以依靠。

要用迂回的手段，使用计谋，以创新的方式获胜。如果苏格拉底等到最后几公里才进攻，就很容易被大部队追上来。如果他只是要求队友给自己创造节奏，而寄希望于其他人的失败，就很可能会失望。他的信条是：努力，是为了不为任何事后悔；勇敢展现自己的能力，进攻！

好的，但是什么时候？要找到一个恰当的时间：既不能太早，以免过早地被无用功耗尽了精力；也不能太晚，以至于无法产生明显的优势。完全是一个时间的问题，或者用亚里士多德的话说，就是 kaïros。

kaïros 这个词是什么意思？是有关恰当权衡的问题吗？当然不是。kaïros 无关理性计算，或者是掌控。恰恰相反，它是感知有利时刻的艺术，确切地说，是要脱离计算，在有可能点燃比赛的时候放手去拼。

一个高水平运动员的生活，95% 都要保持克制和掌控——尼采所说的阿波罗精神[1]，指的是希腊的美、黄金比例和诗歌。准备的目的是为了准确地消除所有意外的情况，客观化自身的表现，对它进行近乎科学的度量。在比赛中，也意味着要掌控所有的参数：必须控制好自己的精力，也要时时注意自己在大部队中

[1] 尼采在《悲剧的诞生》中提出的概念，与酒神对应，象征美的外观，“象征着审美的情趣与理性的沉思、逻辑的严谨和哲学的静穆”。对此，尼采总结，“我们用太阳神的名字统称美的外观的无数幻觉”。——译者注

的位置、食物、睡眠、面对媒体时的讲话等。每时每刻都要在掌控之中。

然而一直以来，或者说几乎一直以来……在这个理性化的海洋之中，总是会掀起疯狂的浪潮。更重要的是，这样的浪潮是必需的，只有它才能让中等水平的车手成为冠军。这种不理性的风潮就是 kaïros。一切都处在掌控之中，而后在某个时候，不知道为什么，人们感觉要给风险、偏激和出格留出位置。阿波罗要在葡萄酒神和沉醉之神狄俄倪索斯面前消失……

苏格拉底本质上是一个阿波罗式的运动员。他在冬季过分小心的准备，对计时赛的完美掌控，以及在美少女高地获胜后的冷静态度，都彰显着他排除一切偶然的意愿。但苏格拉底也是个冠军，他知道在合适的时刻把心态让渡给狄俄倪索斯。今天，在多勒和莱鲁斯站之间，这个时刻来了。是时候把智慧转变为疯狂，去征服他渴望已久的黄色领骑衫了。

希腊队把亚里士多德安排在了早间冲刺中。计划是这样的：在前面安排一个人，可以在第二阶段接力苏格拉底。即兴表演开始了……

车手们在陡峭的路上不断前进，上坡下坡不断交替。荷兰队对这种高度差不以为意，伊拉斯谟[1]在前方，这是一个永远不会疲劳的队员。他们以为今天可以相对安心地度过。

[1]出生于荷兰，中世纪著名的人文主义思想家和神学家。——编者注

但在距离终点还有 40 多公里的时候，苏格拉底突然在相当陡峭的地方发起了猛烈冲刺。这就是他少有的疯狂！伊拉斯谟很惊讶，却没有采取行动。斯宾诺莎也不想。与打破节奏尽快跟上这个烦人的苏格拉底相比，荷兰人更愿意保持自己的节奏。苏格拉底会因为这无用的领先感到疲惫，在这次近乎自杀的进攻之后，他会在最后失去更多的时间！

可苏格拉底仿佛并没有感觉到疲惫。正相反，他前进得很快，超越了正在等他耗尽体力的黄色领骑衫。蜿蜒的道路对他有利，他在下坡的时候拼上一切，仿佛已经不是自己了。上坡时，他仿佛飞翔在了空中。苏格拉底像着了火，似乎处于失重状态，恍若灵魂出窍。

在冲刺时，咄咄逼人的队长提醒亚里士多德：要为了更崇高的理由放弃自己赢得赛段胜利的机会，让队伍有机会反攻。一旦苏格拉底取得领先，他就要放低姿态，拉开差距。

后面的荷兰人开始意识到这个威胁。他们积极采取行动，重拾理性，但是太晚了：苏格拉底已经远去，而且不会回头。他以领先斯宾诺莎 56 秒的成绩过线了。他原本落后 28 秒。这一次他赌赢了，黄色领骑衫现在是他的了。

赛段结束之后的晚上，所有跟在后面的人都为他着迷，讨论着这壮烈的进攻是否是计划好的。有一部分当然是，苏格拉底知道自己要冒险。但是场地也给了他灵感，让他即兴发挥、制造意外……苏格拉底发现了前方的陡峭斜坡。他知道亚里士多德已经准备好在前面支持他了。他的直觉向自己发出了信号，他扔下了骰子。骰子落在了好的那一边。这是智慧和感觉的完美统一，是掌控和偏激的完美结合，这就是 kaïros。

第9赛段 临时的赌局

在一个多星期的比赛之后，车手们都累了。预定于第二天的第一个休息日姗姗来迟，但是在此之前，还要坚持完成以可怕著称的第九赛段：在南蒂阿和尚贝里之间的 181 公里，高低落差超过 4300 米，还有四个平均坡度 10% 的山口。从来没见过这样的赛段！

这个赛段确实可怕，对所有人来说都很可怕。那些不善于爬坡的运动员为自己能否及时完成比赛担心，而环法自行车赛的宠儿们则怀疑这一天可能会毁掉所有之前的好成绩。

对苏格拉底来说，这一天格外艰难。在前一天的壮举之后，他开始担心后果。在这场为期三周的比赛中，所有付出的努力都会得到回报，他的对手亦然。无论是荷兰人还是其他人，一旦他们感觉到新的黄色领骑衫露出了破绽，就会毫不犹豫地采取行动。这就是环法自行车赛：猎人很快就会成为猎物，付出巨大代价所获得的胜利，可能会在一瞬间溜走……

与这些忧心忡忡的运动员不同，观众们在猫山山口的赛道旁准备好了。他们守在这一天最后一个高难度爬坡路段，见证车手们通过。一个多星期以来，热情的人们追随着比赛的路线，他们中有狂热的支持者，有来度假的游客，还有本地人——他们惊奇地发现自己的家都被装饰上了环法自行车赛的代表性颜色，以及想要和自己的偶像走过同一条路的自行车爱好者……7 月的魔力让一群古怪的人聚集到了一起。

现在是上午快结束的时候，第一批车手要等到下午才出现，因此需要好好消磨下时间。人们即兴搞了一场烧烤，品上一点茴香酒，讨论着车手获胜的可能性。天气很不错，氛围也很好。

在南蒂阿，同一时刻，气氛却截然不同。车手们聚集在起点，还有几分钟就要出发了。一种不寻常的紧张感弥漫在他们之间。在这样的赛前时段，车手们通常都是在讨论和开玩笑，而今天，什么声音都没有。每个人似乎都专注于自己的前方。

虽然预报会出太阳，但是此刻的天气依然是阴沉的。车手们有很多担忧：穿什么衣服才对？有袖还是无袖？长裤还是短裤？下坡时要小心路上的尖锐物，上坡时则要防止过热……有的人甚至还给轮胎放了点儿气。谁知道呢。如果赛道打滑，至少还能提高点抓地力。其他人则在想早上是否吃了足够的东西。在怀疑中，在对饥饿的担心中，他们从口袋里翻出米糕，咬了一口，以防万一。但是也不能吃太多，毕竟在第一个上坡的时候——比赛开始时——不能胀气。

此时此刻的猫山上，观众们就不需要考虑这些问题。穿着 T 恤，吃着香肠，伴着茴香酒，这些支持者互相讨论了起来。他们思考着这个著名的苏格拉底到底花了多少时间从默默无闻变成现在拥有如此巨大的影响力。有的人怀疑他的诚实。有的人维护他，认为他现在的成就归功于他无与伦比的智慧。而那些荷兰队的支持者，从昨天比赛之后就很生气，认为苏格拉底一定会为之前的事情付出代价。他们声称，报仇心切的斯宾诺莎会再度取胜。

一场赌局就这样临时决定了。除了斯宾诺莎之外，恩奎皮尔的名字也出现在预测之中。德国队的支持者们还提出乌尔里格也有希望获胜，自环法自行车赛开赛以来，他一直处于第二阵营，在他们看来，他已经准备好在第九赛段打击对手了。

出发的指令一下，运动员们就遇到了今天的第一个困难。就像人们预测的那样，大部队节奏极快，很快，将近 30 个运动员迅速甩开大队人马。希腊 - 拉丁队此时不得不出来掌控比赛，对前面的车手进行“过滤”，不把任何一个有利位置留给他们。第欧根尼、亚里士多德、马基雅维利和他们的同伴只给其他人留了很少的位置。

问题是苏格拉底的状态不太好，这很让人担心。昨天他的袜子有多单薄，今天他的脚趾就有多僵硬。这将会是漫长的一天……

猫山上的状况则好得多。广告花车在那边招揽观众，将近一个小时的时间里，这里就像举办盛大的嘉年华一样，游行车辆为吸引观众的注意相互竞争，极尽夸张手段。一个品牌接一个品牌，一段音乐接着一段，伴随着这一切，学生们欢乐的心情已持续了三个星期，他们在车顶又喊又叫。所有这一切组成了视觉与听觉的大杂烩，成为环法自行车赛的一个特色。当然，还有一些经典的“礼物”发给观众：迷你香肠、糖果、阔边遮阳帽、钥匙链……没有什么很值钱的东西，然而这些成年人就像孩子一样拥上去拾捡这些“珍贵的宝贝”。再说一遍，重要的是追逐，而不是获得。

花车走了之后，很多人就离开了。这些人过来只是为了感受气氛，对运动本身没什么兴趣。而另一些人则打开他们特地带来的老收音机，开始收听实时赛况：

“比赛已经进行到了大科隆比耶山山口，这是今天倒数第二个难度很高的爬坡点，对任何水平的车手都是如此。在前面，冲刺小队已经减少到了十几个人，这要特别归功于西班牙运动员弗雷德里科·瓦雅蒙特斯[1]，自从上坡以来，他的表现就给我们留下了深刻的印象。而在后面，法国队控制了局面，他们突然在山口的下坡加速，导致大部队多人掉队。到了大科隆比耶山的山脚下，一切都恢复了秩序，但是美国人接班法国人，表现出了突出的速度，这又造成队伍的人数大量减少。现在不再是二十多个人组成的大部队了。在美国人的身后，车手们一个接着一个，乱作一团。不过，所有可能获胜的运动员都没有掉队。值得注意的是，苏格拉底，黄色领骑衫的拥有者，却处于大部队的后面，似乎在努力跟随美国队的节奏。这是假装的还是真实的表现？在接下来

[1] 原文是 Frederico Vayamontes，可能是影射 Federico Bahamontes（弗雷德里科 · 巴哈蒙特斯），西班牙自行车运动员，1959 年环法赛的冠军。——编者注

的几公里，我们很快就会知道答案。”

这下，要开始认真起来了。香肠吃完，花车开走，庆祝活动结束了，现在是运动时间了。运动员们离终点越来越近，气氛变得越来越紧张。好戏就要上演了。再有不到一个小时，猫山的观众们就要见证这一但丁般的旅程的结局了。谁会是第一个从下面曲折的赛道中突然冲出来的人？观众们焦急地等待着。各种猜测越来越多，每个人都参与到了关于这场比赛的赌局中。

而对苏格拉底来说，结局没有一丝悬念。今天，他竭尽全力想保住自己的黄色领骑衫，但他知道，现在他的时刻已经到来——失败的时刻。在最后的爬坡路段，他感觉到仅存的体力在一点点消失。他试图专注在踩踏板的频率上，更好地管理体力，却无济于事，他感觉自己一米接一米地落后了，无法挽回。他的对手们很快发现了这一点，并加快了速度。苏格拉底正在失去这一赛段的获胜希望。

在领先的车手前方，开路的汽车通过扩音器传递着消息：“从猫山山脚开始，黄色领骑衫就被甩掉了，无法挽回地被甩在后面了！”观众们通过这样的播报了解了比赛实时的情况，但无法得知具体发生了什么。还在冲刺的车手是否能够保持足够的优势来争夺赛段的胜利？谁能在这最后的上坡中获得优势，从而一马当先夺得桂冠？瓦雅蒙特斯面对之前的困难表现得很强势，很多人等着看他领先。德国队的支持者似乎放弃了，乌尔里格今天肯定发挥不佳。

最后几辆安保摩托车过去了。远处的人们注意到狂热的人群突然分开，给车手留出了一条狭窄的通道。有一个人一马当先！肯定是瓦雅蒙特斯……但不是！这是件怎样的骑行衫？它看起来没有任何已知的标志。不，这不可能……这会是尼采，那个唯一的中立运动员吗？是的，就是他！简直难以置信！

在第一次计时赛中崭露头角之后，这个星期尼采都表现平平，以至于很多人已经忘记他参加了环法自行车赛。作为无名氏中的无名氏，这位车哲家在大部队中，在激烈的竞争中度过了这几天。毫无疑问，他试图让大家忘记自己，他也做到了。在这个通往尚贝里的赛段中，没有人意识到他在冲刺者中的位置。毫无疑问，尼采不喜欢平原和山谷。他等待着高山，雄伟的山，他等待着展示自己。而现在，所有的目光都投向了他。

最终，当人墙在他前方敞开一道大门的时候，德国队的支持者马上就被这个领先者展现出来的能力吸引住了。他踩踏板的动作敏捷又轻盈，他的气息也很完美。其他人都因为太过用力而脸部变形，咧着嘴苦笑，这个正在爬坡的哲学家则由于兴奋，嘴角上扬，露出淡淡的微笑。这是他唯一的痛苦痕迹，如果非要形容一下这种被表现出来的痛苦，可以说尼采并非在被迫忍受这样的痛苦，反而期待着这一切。尼采似乎在和自己的自行车玩耍，似乎在带着痛苦跳舞。

德国队的支持者们都完全拜倒在了冠军的飒爽英姿之下。然而他们的崇拜并不是出于对同胞的支持，他们甚至没有为他鼓掌。

尼采是否穿着德国队的运动服并不是问题，相比喜欢和崇拜一个人，德国人更喜欢英雄般的壮举，纯粹身体上的表现。他们相信自己感觉到了冲刺选手投来的转瞬即逝的眼神，他们感觉自己仿佛也参与到了这一壮举之中，他们仿佛也在自行车上，和尼采一起冲向了山峰。

30秒之后，尼采消失了，这种兴奋也回归平静。其他的车手们一个接着一个，应付着斜坡和疲劳。德国队的支持者们在后面的这些车手身上再也没有找到和领先的尼采精神交流的神秘感觉了。但是其他的观众也会对其他运动员产生同样的激情：有的人和瓦雅蒙特斯一起，像英雄一样正在猛烈地追赶尼采；有的人陪着斯宾诺莎，他们的雄心壮志就是抢回昨天被偷走的黄色领骑衫；还有的人与苏格拉底一起，眼神空洞，充满了不安……

几小时的等待，有时是几天的等待，激情却在几秒钟内就消失了。这看起来并不平衡。然而,这些体育交融时刻的激动程度，证明了等待的时间完全是值得的。

运动员和观众们生活在两个截然相反的世界中。运动员们完全生活在行动中，在几个小时的比赛中拼尽一切。环法自行车赛对他们来说，是非常严肃的事。他们经常对那些穿着泳衣、漫不经心地在路边看他们经过的游客，或是那些在爬坡时跟他们一起奔跑的虚伪的支持者感到恼火。运动员们无意侮辱那些人，但他们很希望观众只为他们而来。

但是通常情况下，观众是来这里消遣的。他们因追随环法自行车赛而开心，就像我们因为追剧而开心一样。当然，他们认为环法自行车赛很重要……直到更重要的事情重新占据他们的生活重心。归根到底，环法自行车赛对他们来说不过是打发时间的一种方式。

然而，尽管身处不同的世界，但是当行动者和观察者相遇时，魔力出现了。他们所处的两个世界，看起来相距甚远，但有那么一刻，运动员瞥向观众的那一刻，在那个瞬间，他们的空间重叠了。在这场转瞬即逝的相遇中，一切都扩大了。而后，当然，每个人都回到了各自的世界，回到平常的生活——对有的人来说是骑自行车；对其他人来说是工作，或是享受家庭生活。（我还知道什么？）但是曾有过这样的时刻，它让运动充满活力，让人们爱上环法自行车赛，让我们想要再经历一次。

休息日　瘾君子

“再也不能这样了！”

在这个令人感到痛苦、恐怖的山地赛段之后，所有车手都这么告诉自己。第二天车手们可以在贝尔热拉克休息一天。坐在从尚贝里前往贝尔热拉克的飞机上，每个人都对自己说再也不要在痛苦中骑行这么远的距离了。从第一个到最后一个，从瓦雅蒙特斯（赛段的最终获胜者，凭借一段漂亮的下坡追上了尼采）到尼采（第二个到达尚贝里，甩开新的黄色领骑衫拥有者——美国车手希拉里·普什曼 15 分钟），每个人都觉得已经筋疲力尽了。环法赛当然还要继续，但是他们再也不能这么极端地进攻了。他们再也不想这样了。“现在能有一天时间休息是多么幸运啊。真希望这一天能一直到永远！”

然而，第二天的清晨刚刚结束，赛事的追随者们就因为没有事情可以评论而感到郁闷。同样，所有的车手也没有事情可做。他们都感到空虚，一种身体上的空虚，出发时缺乏肾上腺素。今天不会有任何痛苦等着他们，也没有任何痛苦让他们怀疑自我——这是一个有点矛盾的小小瑕疵。

弗洛伊德对此十分了解：痛苦对运动员来说是毒品，是受虐的快感，是病态的沉迷。不管这种毒品激起我们多大的反感，要摆脱它都不是那么容易。“再也不能这样了，但是你们还可以再来那么一小口！”他在床上伸展身体，自言自语，迫不及待地等着这一天赶快过去。

帕斯卡也意识到了自己的沉迷。“所有人类的不幸，都是由于他们不知道可以在椅子上休息 24 小时。”当人们问他为什么休息日还要出去骑上 100 公里的时候，他有点惭愧地说道。你想要什么？人类需要这种运动，更不必说在知道上帝已死之后……

人们开始焦躁不安，为过去的失误后悔，规划下一阶段的比赛，设想未来。有些车手在仔细地分析总体排名；有些则讨论着每支队伍的战略位置，甚至试图计算出未来冲刺获胜的可能性；还有的人则在阅读环法自行车赛的道路指南——这场比赛的《圣经》——认真研究着下星期等待着他们的赛段的不同路线和特点。简而言之，由于不需要运动，人们使用各种手段来找回兴奋状态；一旦现实的痛苦被遗忘，人们就想要再次品尝它的滋味……

第10赛段　陷阱

想象是甜美的，假装自己在行动同样是如此。但还是要停止想象，以保持它的魅力和优点。一个只有想象的世界不会过于平淡吗？遗憾、记忆、想象、计划——所有的这一切都等着行动。必须要面对现实。

这个必要性在面对比赛场地的时候尤为迫切，运动员们每天都对此深有体会。

因为他们一直面对着这个伟大的真理：地图是一回事，实际场地是另一回事。

地图的缺点在于其不变性。它的比例是不变的；但开车、坐飞机和骑自行车，对场地的感受却完全不同。想象一下在南蒂阿和尚贝里之间上百公里的移动需要付出的精力，为攀登陡峭的阿尔卑斯山所付出的顽强努力……而飞过这些同样的山口只需要一点时间：仅仅一个小时，飞机就能把运动员带到法国西南部。这些山谷算不上什么，“环法自行车赛”也算不上什么。真没意义。一个小时的飞行，就可以穿越一个国家。有很多事情都可以让运动员发疯。

让我们再来看看地图如何嘲讽这些参加佩里格－贝尔热拉克赛段比赛的车手。从地图上看，这个赛段是很平坦的。道路指南里的介绍更声称这个赛段“几乎是光滑的”。所有的运动员都把今天的赛段——一个平地赛段，看作是过渡。他们说，这里可以让领骑人保持优势，只有几个有野心的人会为了今天的荣耀而战。然而实际上，平缓的下坡和大坡度的上坡在这一天里交替着出现，就像有很多把刀扎向车手的双腿。他们清楚地知道地图没有说明全部情况。无论领先与否，都无法在不踩踏板的情况下将 A 点和 B 点连接起来。

环法自行车赛选择的路线完美体现了地图的陷阱。这个路段最后的几公里终于变得平坦了，但这一天迎面而来的强风阻碍了冲刺的进行，意图打败参赛的车手。并不是地图粉碎了冲刺者获得胜利的希望，而是场地本身的不测风云。地图的不足在于它不能显示出所有细节，比如确定为终点的贝尔热拉克城的入口的复杂细节。城市规划、道路变窄、圆形广场——道路指南试图呈现出最后一段赛道的所有细节，但它们永远不能取代运动员身处其中的感受。地图向冲刺者提供了客观的指示，但最终，这些指示会被直觉取代，在那时，直觉会发出指令，它更倾向于某条路的某一边，因为路面情况更好，可以在瞬间发起冲刺。

分析，描绘，辨识，没错；但是永远没有什么能代替亲身实践。不要忘记，最终还是要靠骑行定胜负。

第11赛段　幸存者

就像昨天一样，就像往常一样，就像环法自行车赛开始时那样，第十一赛段以一场集团冲刺[1]宣告结束。这是现代自行车运动的经典场景，大部队在最初的几公里放出一个容易掌控的漏洞，然后在最后抵达终点之前，他们都变成了一群盯着猎物的秃鹫。

这一天，马克思再一次成为了勇敢的逃脱者，他是秃鹫口中最后一个幸存的车手，这让他获得了今日的“敢斗奖”。借着赛后受邀接受体育频道采访的机会，他传达了一个信息，作为宣言：

“我投身到这样的进攻中是疯了吗，在知道结果注定是失败的情况下？我认为更疯狂的是那些一整天藏匿在大部队中、毫无作为的人，他们缺乏爆发力，在终点前的冲刺中流于平庸。他们在等什么？等着别人冲刺，然后那些成功的车手——总是那几个著名的车手——跟他们分享鲜花？与其忍受这些，我更愿意尝试

[1] 指的是临近赛段终点，在第一集团中仍有众多的车手，他们在终点线前进行的大规模集团冲刺。尽管名字叫集团冲刺，但并不是所有车手都会参与竞争，只有大部队前部的冲刺手们和他们的副将才会进行真正的冲刺比拼。本节下文中的“冲刺”应该都是指集团冲刺。——编者注

挑战！挑战不可能？未必不可能！你们知道：就像一个朋友所说的：‘可能（possible）和不可能（impossible）之间的差别，是两个字母和一种精神状态。’问题是，现在车手们的灵魂已经被陈旧的纲领束缚住了，这种纲领要求一个平地赛段必须由冲刺来完成。车手们已经很好地内化了这个纲领，他们甚至不会尝试违背它。然而，没有任何法律禁止进攻！冲刺也不是必然的，决定比赛进程的是车手。如果不止 2 个或 3 个车手把赌注押在进攻上，而是 10 个、20 个、30 个车手，那么比赛就会更均衡，我们的举动也不会显得如此疯狂。我们不再是单纯的做梦者,我们是斗士。只要开始冲刺，回归理性就会变得很难。团结就是力量。只要我们人数足够多，进攻者和冲刺队伍之间就会产生真正的对抗。这是一场我们将要胜利的比赛！我们可以推翻冲刺者的主导地位，创造我们自己的自行车运动：这是一直躲在暗处的车手的专政，这是自行车无产阶级的专政！为了实现这一点，我们所有人都将不再是冲刺者，也不再是攀登者，我们这些普通的车手，这些无级别的、敢于尝试的人，无论我们各自的队伍如何，无论我们是车手、哲学家还是车哲家——我呼吁你们，所有人，团结在一起，不再为剥削我们的领骑工作，我们要将小腿的力量化作奋斗的力量，创造更好的自行车运动，更有体育精神的自行车运动！所有国家的战士，团结起来吧！”

听完这段振聋发聩的演讲，体育频道的记者和顾问们——蒂埃里、洛朗和里夏尔的眼中都盈满了泪水。而有的车手，已经准备好撕掉号码布，在第二天的比赛中发起进攻了！

感性的时刻过去了，蒂埃里重新找回记者的职责，作出了评论：“我们假设，就像你希望的那样，战士们团结起来，你们这 15 名车手在冲刺时达成了目标，抵抗住了大部队的追赶，那么你们如何决定赛段的胜利属于谁呢？”

说实话，马克思从来没有想过这个问题。胜利不是什么可以分享的东西。推翻现有的秩序，这很好。但是在这个旧世界的基础之上要建立什么样的新秩序呢？要如何避免战士们内部的斗争呢？只能有一个获胜者，这就是问题所在……

马克思没有直面这个问题，他向记者道歉说自己还要去按摩，所以要离开电视台了。总还是要休息的！“引领革命。”他在心里默念，“之后我们将看到我们如何组织自己……”

第12赛段　红白斑点衫

乏味的平原远去了，令人激动的山峰再一次露出轮廓。环法自行车赛来到了比利牛斯山。

之前在测量、控制和计算上花费了许多时间，现在是冒险和突破限制的时候了。这是属于琐罗亚斯德教的英雄、摆脱束缚的攀登者狄俄倪索斯的时刻。这是尼采的时刻。

这位被人们称为“长胡子的鹰”的运动员压制住了大部队。在著名的巴雷山，他几个星期前考察过的地方，尼采一马当先骑在前面。一切都准备妥当了，以便更好地突然出击……

厌倦了年轻的黄色领骑衫拥有者、美国人普什曼平庸的节奏，尼采决定要从上坡开始“炸掉”这场比赛。当每个人都在管理着自己的速度，眼睛盯在功率传感器上时，尼采只专注在内置于每个感官中的权力意志传感器，他发起了只属于自己的决然的攻击。

这一举动可能是鲁莽而大胆的，甚至是自杀性的。事实也很明显，被过于强大的意愿所驱动，在巴雷山过于激烈的冲刺之后，不够清醒的尼采证明了自己既是一个好的攀登者，也是一个不好的下坡者，他在下坡的某个拐弯处摔倒了。好在摔得不重，他起身后反而骑得更快。但是已经太晚了，领骑队伍已经骑过去了，也夺走了这个琐罗亚斯德教的攀登者获得赛段胜利的全部机会。

但是这一次什么收获都没有吗？也不尽然，至少尼采可以第一个穿过巴雷山，在经过山中几个重要的爬坡点时也有所收获，这让他可以一直披着极受欢迎的红白斑点衫。

这是一个悖论：尼采，孤独的攀登者，从对身处人群感到恐惧，到成了大众的宠儿，被追随者们偏爱的神奇的失败者。环法自行车赛有时候就是这么让人神魂颠倒……

第13赛段　重拾活力

法国队的车手们乘坐大巴车回到酒店，在路上，帕斯卡非常开心:“曾经有一次,在富瓦小城里,一个车手感到很害怕。帕斯卡,曾经的信徒，相信这是最后一次!［1］”

现在，他将简单的韵脚和无聊的文字游戏联系在一起，以此为乐。但是几个小时之前，帕斯卡却没有自信。他知道要穿过可怕的佩古埃雷之墙［2］，这将会是一场恶战。他也知道这几天来身体状态一直不太好，想要完成环法自行车赛有点麻烦。昨天在巴雷山，就已经很辛苦了……

帕斯卡感觉很累又不舒服，这个新加入的人很痛苦。今天的赛段很短却很激烈，这肯定会痛击他。别忘了：仅仅 100 公里就有三座山口。这很难，一定要带上计时器。

［1］法语原文:“Il était une fois, dans la ville de Foix, un coureur qui a eu les foies. Pascal, l'ancien homme de foi, a bien cru que c'était la dernière fois !” 其中，fois（次）, Foix（富瓦城）, foie（固定用法 avoir les foies，意为恐慌）, foi（信徒）的发音，均一致，是帕斯卡所做的同音异义词游戏。——译者注

［2］环法自行车赛一个著名的一级爬坡点。——编者注

山口的排列也像诗一样押韵，让我们看看为什么帕斯卡如此努力。都怪时限！所有的车手，为了继续接下来的比赛，必须以该赛段冠军的成绩为参考，在规定时间之内完成全程。谁让这是个距离很短的激烈赛段，谁让设定了这么苛刻的时限？对那些不擅爬坡的运动员，或是那些由于各种痛苦而步履蹒跚的人来说，这是不幸的。

帕斯卡同时符合这两种情况。他应该如何摆脱窘境？当然是倚仗自己的数学才能了！在赛段的前几公里,他重拾了一些活力，接下来的阻碍就是拉特拉普的山口。他可以让自己处于最后一个爬坡点的小冲刺集团中，然后计算出自己的落后是否在允许范围内。赢了：还有大概 30 秒的时间，足够及时采取行动！

我们要原谅他的这种空想；毕竟恐慌和疲劳混杂在一起的时候，很少能产生精妙的思想。

第14赛段　斯多葛派英雄

和帕斯卡一样，自从环法自行车赛开始，马可·奥勒留就是人们很少听说的运动员之一，也是那些通常远离聚光灯，往往只是挣扎着在既定的时间内完成比赛的运动员之一。

反正没人对他感兴趣，马可·奥勒留决定写日记，谦卑地将其命名为《思考自我》。这是其中的一段：

“比赛马上就要进行两周了。我发誓这些天来我变得越来越像斯多葛学派的英雄了。‘忍受和克制’，爱比克泰德的这句格言一直缠绕着我，困扰着我。当我睡觉的时候，我依然能听到教练在对我低声细语：‘加油，我的兄弟，忍受和克制就在你的脑子里。痛苦什么都不是。要忘记它，这些都可以忘记（而且你已经忘记了）。我对你说，自行车运动是一项耐力运动：面对痛苦和辛劳，低下头颅，默默承受，不发一言，你就拥有作为一名车手的精神了……’可说起来容易，做起来难……

“随着环法自行车赛的进行，痛苦在增加，意愿和欲望也在不断增加。我想要悠闲地生活，想从媒体的吹捧中逃离出来，想回到家人身边。我想喝一大口蜂蜜酒。我想吃热量很高的东西，很咸或很甜的东西……几个月来这些被强烈谴责的东西我都想要。

“然而，总是有同一个声音让我抵制它们：‘放弃这些罪恶的欲望。想着这些欢愉有什么用呢？你很清楚你不能这样。你是参加环法自行车赛的选手，我的朋友，美德就是你的至善。你应该过着禁欲的生活，克制自己。’我不想再克制自己了。我希望能够限制对自我的克制……然而，我还是要保持斯多葛学派的风格。

“斯多葛学派哲学的中心思想，是区分开由我们所决定的事情和由外界因素决定的事情。其观点当然是要抛开后者（既然无论如何，我们都不会被其左右），而专注在前者——我们可以有所行动的事情上。

“这个撒旦一样的爱比克泰德不停地和我高谈阔论：‘不要咒骂天气预报，我的伙计。你没有上帝一样的权力，不是你让天气下雨或者是天晴。当你在地球上的时候，不要怜悯自己的命运。不要指望你的对手会失败从而将你凸显出来。重要的是，要知道在失败之后重新站起来。重要的是，献出最好的自己。’

“将目标指向可以行动的地方，忽略那些我们不能决定的东西：我就是想看看你怎么做！当暴风雨扑面而来，当寒冷侵蚀了你，当饥饿等候着你的时候，如何能够忽略外界因素呢？当摔倒在地的时候，当身体和灵魂都受到伤害的时候，人们很难不哀叹。我承认求生的意愿是赢的必要条件，但这不是一个充分条件。这让我想到……

“事实上，我要向你们开诚布公：我不是一个真正的斯多葛学派的英雄。今晚，不管什么环法自行车赛了，我要让自己喝一小瓶啤酒。嘘，别跟爱比克泰德说。”

第15赛段　奖金分配

环法自行车赛的第十五赛段结束了，这意味着第二周的比赛结束了，晚饭后，德国队的运动员们聚在一起喝着咖啡，进行一场非正式的讨论。自比赛开始，每一支队伍获得的不同奖项已经揭晓了。马克思趁此机会提出一个话题：奖金分配问题。

通常情况下，每个队的队员赢回来的钱都会凑在一起积攒起来，根据队伍的人数进行分配，还有一部分留给工作人员。这个心照不宣的法则还要求最终的获胜者放弃自己的那一份，作为对队友的答谢。

马克思认为这一财产再分配的原则是合适的，只希望能够对其加以改进。但当他看着奖金分配表，发现从第一位到第十位的队伍间的差距取决于队伍规模的大小时，马克思站起来提出了反对。他反对这种奖励制度，因为大车队占了主导地位："简直就是耻辱！钱不给最需要的人，反而被那些什么都有的人拿走了。就以越南队为例，这支队伍基本没有什么途径获得收益。他们无法表现得更好，所以拿不到知名的奖项和高额的经济支持。然而，这些资源对他们来说却是极为重要的。他们可以用这笔钱买性能最好的设备，部署自己的训练，或是用在人员配备上——简而言之，这些钱可以帮助他们发展。不该把钱给那些已经很富有的队伍，就像美国，自从普什曼穿上黄色领骑衫之后，他们每天都能收到上千欧元。这些强大的人只是不希望弱小的人变得强大起来。他们想要保持领先。这就是为什么他们要安排这样的方式，让最重要的奖金落到他们手中。我建议：停止这种极为不公平的汇集财富的方式！我希望奖金的再分配不再只是在队伍内部，而是扩大到全部的运动员身上，也就是所有的国家！”

“你疯了吗？”阿尔蒂希不安地说，“你在对抗什么？你对抗的是体育这个概念本身！你想要的是一个平均主义的比赛，但是从定义上说，比赛根本就不是你想的那样。在出发线上，有的人强大，有的人弱小；有的人生下来心跳只有 45 下，而有的人则有粗壮的大腿。体育从本质上讲就不是公平的。马克思，你想要的是不再有第一名、第二名，也没有最后一名的体育，简而言之，你想要不是体育的体育。你真是个只会幻想的伪君子……好了，就让越南人去做自己能做的，你要做的是节省精力，应付最后一周的比赛。到时候你就知道你要对抗的是什么了。”

阿尔蒂希很放心，自己的这番话应该触及了马克思的灵魂，也动摇了他对自己的坚定信念——至少一段时间内是这样的。不论如何，在奖金分配表上，德国队的排名还不错。不应该冒险挥霍这珍贵的资本。

奖金不分给最需要的人，反而被那些什么都有的人拿走了，简直是资本主义剥削！

休息日　受虐狂

环法自行车赛期间，一个运动员一天中最重要的时刻就是按摩时间。尤其是在休息日——对时间的要求不再那么严苛，运动带来的肾上腺素和压力重新回落的时候。按摩师可以平静地祛除自比赛开始以来积攒下的身体疼痛。

然而，并不是所有的运动员都会用同一种方式享受按摩。对有的人来说，按摩应该让人整个放松下来。按摩师不应该过度按压肌肉，也不应该询问运动员比赛的情况。比如，第欧根尼，作为犬儒学派车哲家，就希望人们给他按摩的时候不发一言，让他能在按摩中找到属于自己的开心、消遣和轻松。他尤其讨厌按摩师试图和他讨论会带来大的精神压力的事情，比如比赛。他不需要别人来安慰他，不需要通过言语释放压力，也不需要其他人对他的遭遇表示同情。

相反，弗洛伊德则是那种很喜欢在按摩时吐露心声的运动员。他向自己最喜欢的按摩师——威利·侯德佩尔倾诉，解释是什么引领他走进自行车运动，讲述自己非凡的心路历程，以及一直伴随着他的身体存在缺陷的感觉。他讲到有一天，他做了一个奇怪的梦，当他在一场拳击赛中打赢了一头狮子之后，一个非常漂亮的年轻女人给他带来了一束花。之后他就收到了爱因斯坦的邀约，到德汉参加训练。征兆就这样显露。他下定决心，正视内心的欲望，他的命运也由此被揭示：他要成为伟大的自行车运动冠军，一个真正的体育英雄！

现在，他已经成为了真正的车手，弗洛伊德向侯德佩尔描述着自己作为车手的精神状态。人们对他没有足够的信心，把他安排成协助乌尔里格的角色，这让弗洛伊德很难过——乌尔里格的总成绩不过也只是第十一名而已。他想要激发自己的才能，展现自己的能力，用能力说话，但是团体的规则却束缚着他。与其压抑这种深层次的欲望，不如向自己的按摩师倾诉，按摩师会认真地倾听——虽然对解决问题没有任何帮助（按摩师又不是运动教练），但是对弗洛伊德来说，至少可以起到安慰作用，并在第三周的比赛中给他足够的力量。

这种力量，尼采不需要从按摩师那里寻找，因为他自己已经有了。对这位当前红白斑点衫的拥有者来说，按摩甚至是个陷阱。他在这个安静的时刻重新聚焦自己，自我反省。通常情况下，他行动的时候都是乐观又有活力的，但是当助手为自己治疗的时候，他没什么可做的，就忍不住开始回顾那些失败的过去。他很遗憾在巴雷山下坡的时候不幸摔倒了，他问自己，如果在猫山的时候早点儿冲刺会发生什么？他想象着最后一周的一千种可能：他还能保住自己的红白斑点衫吗？他还能再一次获得赛段胜利吗？他还会遭遇失败、摔倒，经历更加困难的比赛吗？尼采没有让这些烦恼流露出来，脸上的表情一直很平静。但是，在他的内心深处，自我怀疑并没有消失。如果没有任何东西激活自己的身体，他就不能阻止自己的精神向忧郁的深层走去。

尼采很清楚，必须对抗这种有害的倾向。他很清楚，怨恨只会带来疼痛、疲惫、麻木和懒惰。他也想出了一种策略来对抗这必要又危险的按摩时刻：他要求菲奥达尔·瓦格纳，他的私人助理，在有限的时间里尽可能用力地按压他的肌肉，以便他的大脑能被这种按摩所引起的不适感完全占据。他这样忍受折磨，是为了获得直接的疼痛感，为了不放任自己堕入怨恨之中。这种奇怪的现象催生出的更好的一面是：尼采开始爱上这种痛苦。他在按摩床上体验到了一种受虐狂般的感觉——跟他喜欢的运动中的痛苦是一样的。借助这种强烈的感觉，他此刻的思想不再被任何多余的事情所分散。

在瓦格纳的按摩之下，尼采不再幻想以后的世界了；他更看重当前的世界。他对环法自行车赛说“没问题”，他拥抱着自己的命运。被一种坚定不移的命运之爱环绕、治愈，这位车手已经准备好应对第三周的比赛，准备好超越自己，成为他要成为的人了：环法自行车赛的冠军。

第16赛段　生理学和心理学的艺术

盛大的环法自行车赛的第三周充满了惊喜。卓越的运动员可能会面临意想不到的失败，而在开赛初期艰难前行的其他人也开始展示自己，向不看好自己的人发起挑战。

后者中，马基雅维利就是个好例子。尽管他是意大利人，但是他凭借自己的经验和策略加入了希腊－拉丁队。然而自比赛开始，他大多数时候都默默无闻，就像英国人口中的“追随者”，意大利人口中的“缺乏主动性”一样。他的水平决定了他只能在队伍中担任辅助的角色。因此，他毫无怨言、孜孜不倦地为领骑苏格拉底和柏拉图铺路，在黑暗里等待自己的时刻。因为他知道，属于他的时刻会来临的。“为了成功，一定要隐藏自己的目的。”他自言自语道，“稍晚一些，当前两周的明星们暗淡下来，被疲惫打败的时候，就是我登场的时候了。”

这个时刻终于到了。苏格拉底花费了大量的体力在黄色领骑衫的争夺上，不禁回想起之前在埃特纳火山发生的故事。空虚填满了他，他心中只留下一种想法：环法自行车赛结束以后，一定要退休。柏拉图仍然穿着代表最佳年轻选手的白色骑行衫，优势却已经岌岌可危。一个个赛段之后，他给追赶者留出了时间。而且，考虑到柏拉图现在的情绪，很难想象他要如何扭转趋势。

总而言之，希腊运动员在比赛初期取得的优势似乎正在慢慢消失，这同时也提醒他们，他们对这种长时间的比赛缺乏经验。这也正是马基雅维利显露峥嵘的原因。他不像其他队友那样拥有最好的身体素质，甚至远远比不上他们。但是，他拥有一种天赋，特殊的天赋：他懂得如何保存体力、等待时机，直到聚光灯照在自己身上。

第十六赛段，从勒皮昂瓦莱到伊泽尔河畔罗芒，马基雅维利感觉到大幕在自己面前徐徐拉开。在穿过罗讷河谷的时候，赛道将暴露在强风之下，在那时实施斜线阵战术，会非常有利。

什么是斜线阵战术？自行车，是帆。而车手，是芦苇。斜线阵战术是车手在骑行过程中，在长直道遇到强烈侧风时采取的一种战术。为了不受侧风的影响，运动员们像扇子一样排布，一些人和另一些人错开，就像野生的鹅迁徙的时候一样。这些鹅选择在天空中排列成一个整体，而车手们是由于自然条件的限制，不得不在赛道上如此排列。尽管扇形队列的第一个人面对着强风和极端情况，但他并不能永远庇护大部队，需要一定数量的车手像对角线一样向后延伸。很快，斜线队形就形成了，阻止任何计划外的挑战者冲进队伍里。原本每个车手都要在没有庇护的情况下独自对抗强风，但在这种战术保护下，前面的 5 个、10 个、15 个车手轮换着，将他们的力量集合在一起，持续向前冲。一个人即使很强势，面对强风时也不能长时间保持同一个节奏，这是必然的。但借助斜线阵战术，就轻松多了。

因此，只要组织得当，斜线阵战术是一个厉害的武器。音乐想变得动听，需要所有的乐器互相配合：风要足够强劲、足够稳定；赛道要畅通，两旁没有树木也没有房子。如果道路平坦又笔直，而且不是很宽就更好了，一定数量的车手可以组成阵列；最后，这支队伍要选择合适的时机，共同完成一场盛大的加速，完成斜线阵，让大部队震惊，把他们打得粉碎。

还有 35 公里就到达终点——伊泽尔河畔罗芒了，马基雅维利感觉到所有的契机都汇集到了一起。车手们聚集在植被繁茂的区域，人们从远处就可以看到森林的边缘。风向已经完全转变，下坡的路也很平坦。这些条件非常理想，甚至还会变得更加有利。通过耳机，马基雅维利要求所有的队友马上向着大部队前方冲去。自环法自行车赛开始，他就隐藏在那些不知名的车手中间，忍受着他们固定的节奏。而现在，一切尽在他的掌握之中。他的光荣时刻到了。

还差一点儿，这些车手就要离开森林了，马基雅维利向苏格拉底、柏拉图、马可·奥勒留和其他同伴发出了信号，让他们在前方占据位置，准备转向。他将会承担看门人的职责，决定阵型的情况，以及谁可以加入。

很快，车手们离开了植被繁茂的区域。马可·奥勒留要求他的同伴突然加速。效果立竿见影！仅仅 1 公里之后，原本的大部队，就变成了7个、8个、10个小队，他们在赛道上接力前行。他们努力抵抗强风，支持着带头小队的速度，那支小队基本上都是希腊-拉丁队的队员。

人们在终点前不会再看到这支带头的队伍了。他们的领导者马基雅维利，将这一赛段的胜利交给了他的队友马可·奥勒留。但他是当之无愧的今日之星，在这个赛段留下了自己的烙印，他领导了——至少一次——环法自行车赛上的"社会运动"。

这一赛段之后，柏拉图（通过这次集体的力量，他的白色骑行衫穿得更安稳了）给马基雅维利起了一个绰号"小王子"，表达对他的队友的敬意。作为"缺乏主动性的人"，马基雅维利已经获得了赛道队长的地位。从不引人注目的辅助者，成了卓越的战略家。

人们问他是怎么想到这个完美的战略的，马基雅维利谦虚地回答，是偶然让这种情况变得可能，他的才能、他的谋略，只是将埃俄罗斯的疾风转化为幸运的福尔图娜[1]而已。

[1]罗马神话中的幸运女神。——译者注

第17赛段　圈套

在大巴车上，运动员们都在做着赛前准备，一种特殊的压力弥漫开来。没有人说话，一种近乎宗教般的静默盘踞在这个集体生活的地方，与之前通常盘踞在这里的喧闹声截然不同。

今天没有人开玩笑或者闲聊，是因为车手们知道等待着他们的赛段会很可怕。刚一出发，他们就要穿过奥尔农山谷，而这不过是正餐前的一小杯水而已。正餐是：铁十字山和它长达 25 公里非同寻常的斜坡，之后是一连串地狱般的电报峰 – 加利比耶山口爬坡（将近 45 公里的爬坡，直到登上海拔超过 2700 米的高峰）。

7 月份的大弥撒将宗教的热情渗透到了比赛中。很多车手都是信教者。在出发之前，他们画十字向上帝祈祷一切顺利，让他们避免摔倒，平安抵达山峰，他们相信上帝能够赐予他们更多的力量。

就算不信教也没有关系，普通车手同样具有所有的宗教象征元素。他们有自己的神圣仪式：出发前的一个小时再看一遍“《圣经》”（道路指南）；几分钟之后快速地吃点儿“圣餐”（咖啡和高热量的蛋糕）；之后穿上仪式感十足的衣服（短裤和固定了两张号码布的运动服）。不要忘记还有能带来好运的鞋子，那是他两年前获胜时穿的，从此每一次重要的比赛都要穿着它。测试耳机——很好，他听到了声音。最后，出发前 20 分钟，在腿上抹圣油的礼拜时刻到了（其实没有人知道它真正的用处，它的功能和重要性毫无疑问是个谜）。

车手们准备好攀登他们的各各他山[1]了。他们会收到一群虔诚而热情的人的欢呼，这些人已经站在路边，等待着见证自己的偶像能够像耶稣升天一样崛起。第一名的沥青赛道之神将受到崇拜，而最后一名的可怜牺牲者，则会成为同情鼓励的对象。无论结果如何，无论是第一名还是最后一名，其实都不重要，毕竟，有许多在前的，将要在后[2]……

“这场景中的一切是多么可怜啊。”尼采看着围绕第十七赛段进行的这些准备工作和笼罩其中的神秘热情，感叹道。什么？甚至连马克思和弗洛伊德都在屈尊参与这种可悲的无聊行为！这些可怜人，他们不知道自己在干什么……他们不知道所有的动作、所有的流程和护身符，只是自我安慰而已。他们害怕了。怕什么

[1] 罗马统治以色列时期耶路撒冷城郊的山。根据《圣经 · 新约全书》所记载，耶稣被钉在各各他山上的十字架上。因此，“各各他山”和十字架被视为耶稣受难的标志。——译者注

[2] 出自《圣经 · 新约全书》中的《马太福音》第 19 章第 30 节：“然而有许多在前的，将要在后；在后的，将要在前。”意为“如果像彼得一样满足于目前光景（27 节），炫耀自夸自己为主所摆上的，就必落到‘在后’。”在这里指的是，如果领先的运动员满足于自己已有的成绩，过度夸耀自己，也会面临落后到最后一名的风险。——译者注

呢？怕辛苦，怕不能坚持到最后……他们多么希望自己可以说：我做到了，我参与了。他们是多么缺乏野心！

而尼采更愿意承担失去一切的风险来赢得比赛。与其沉浸在仅仅以完成比赛为目标的忧郁的宁静之中，他宁愿选择胜利者的危险生活——正如教会的门徒之一圣保罗所说："奔跑是为了获胜。"真正有信仰的人应该冒险，大胆下注，寻找更崇高的东西——肯定不是为了确保绝对的安全。对最初的教义的可悲的扭曲，让有野心的人开始担心……尼采决定为了胜利而前进。他在赛段一开始就发起进攻，嘲笑所有这些崇拜偶像的人，这些人充满恐惧地拜倒在了铁十字山面前。作为通往加利比耶山口的长距离上坡的统治者，今天绝大多数时候，尼采都一个人在最前方骑行。他以超过身后的对手两分多钟的优势到达塞尔舍瓦利耶山口，完成了这场惊人的探索之旅。这是他在环法自行车赛中最精彩的时刻。

斯宾诺莎对这些神圣的仪式、虚幻的信仰，和他称之为迷信的虚假宗教也倍加嘲讽。为了实现他的目标——跟美国队身穿黄色领骑衫的队员拉开距离，重拾优势，他选择不依赖上帝的意志：只有那些失去了勇气的人才需要"这种无知的庇护"；他开始思考、制订计划、计算得失、筹划策略：他决定在加利比耶山的下坡那里发起进攻，给普什曼设下圈套。

这个时刻到来了。受征服黄色领骑衫的难以抑制的欲望驱使，事实上也是遵循重力法则，他朝着自己的命运发起势不可挡的冲刺，奔向环法自行车赛的总冠军。这不是什么标新立异的战术，但足以让普什曼惊讶不已了。他试图紧跟斯宾诺莎，但是在一个下坡中失误了。这下摔得不重，普什曼赶紧站了起来……但是太晚了。斯宾诺莎已经远去了。弥撒已经结束。美国人被打败，再也无法重返荣光了。

悲伤的情绪已经消失，被强烈的激情所淹没。如同尼采有理由满足自己的野心一样，斯宾诺莎也有理由坚持不懈地追求自己的目标。他的目标几乎已经近在眼前。再过几天，他就胜券在握了，届时，环法自行车赛对他而言就是完美的，幸福也会显露出来。哈利路亚！

第18赛段　自行车运动员是幸福的

这是环法自行车赛的最后一个山地赛段。从伊佐阿尔山口，可以一直看到香榭丽舍大街。

如果昨天对于很多人来说都很辛苦，那么今天就好过得多。不是因为今天的比赛比较简单，而是因为车手们知道要在这里做最后的努力。这条路可以一眼望到头。休息日越来越近，让大多数参赛者达成目标的意愿更加强烈：坚持到完成这个赛段。

真的吗？车手们经过三个星期的努力达到了他们的目标之后，会感到放松吗？在攀登伊佐阿尔山的路上，所有人都为了到达环法自行车赛的最后一个山口而在努力坚持,车手们询问自己，当环法自行车赛结束的时候，在接下来的几天里，自己会不会怀念所有的这些悲伤、痛苦和激动之情……

在比赛过程中，有多少次，这些好似苦役犯一般的车手许下诺言，却又让希望幻灭——“已经足够了，我要停下来，我就骑这最后几步”？而到了最后的几个赛段，所有人才震惊和留恋地发现，在整个环法自行车赛的过程中，车手们是多么快乐，包括那些困难的时候，自我怀疑的时候，摔倒甚至失败的时候。包括现在，他们开心地在伊佐阿尔山上大声嘶吼、耗尽精力，尽可能地对抗重力，对抗过去的三周在肌肉里积攒下来的毒素。

就像西西弗斯被罚，要不停地推石头到哈得斯山顶，却从来没有真正成功过一样，车手们也要不停地骑上山，而后又立刻下来，再重新开始……然而，现在他们发现这种惩罚并不是永恒的。他们有些伤感，并为再过几天这种惩罚就会消失而感到遗憾。他们最终爱上了这种痛苦。

帕斯卡、斯宾诺莎、尼采、苏格拉底、柏拉图、弗洛伊德和其他人——所有人对此甘之如饴。当他们还在为这种艰苦而努力的时候，他们已经对重现这种冒险垂涎三尺了。这似乎有些荒谬，人们看到在环法自行车赛最后车手们极度疲劳的状态、扭曲的表情和苍白的脸色，却还是要想象他们是幸福的。

离开还是留下，这
是个问题……

第19赛段　神话

环法自行车赛的最后一个计时赛将于第二天在马赛街头举办，再过一天就要在香榭丽舍大街的终点举行最终的庆祝了。节日轻松的气氛已经弥漫在了大部队中。就像电影的最后几分钟，当戏剧性的压力已经消散，而演出还要沿着副线剧情继续延伸一样，环法自行车赛的连续剧展开了“奖励剧情”，这些剧情给观众带来了快乐。比赛当然还没有结束，但是最重要的高潮已经过去了。环法自行车赛的核心悬念已经基本获得了解答，车手的排名也已经基本确定了。在荣耀榜上，斯宾诺莎夺得了黄色领骑衫，扎戴尔是冲刺王，尼采拿下了红白斑点衫。只有象征最佳新人的白色骑行衫还悬而未决，柏拉图只领先紧追其后的西班牙人米格尔・阿韦罗斯[1]26秒。

运动员们出发去昂布兰，等待着最后一段情节的结尾，现在是开始评估一支车哲家队伍的机会。这场盛大而疯狂的冒险会产

[1] 原文是 Miguel Averroes，可能是影射 Miguel Indurain（米格尔・安杜兰），西班牙自行车运动员，在 1991—1995 年连续五次获得环法赛冠军。——编者注

生什么？当然是骄傲，如此疯狂地坚持到最后的骄傲。他们做到了！然后呢？赢得环法自行车赛？当然不是。但是这些车哲家也并不满足于参赛这件事本身。他们是在为胜利而战。他们没有偏离自己的野心，展示出了与大众传媒的报道不同的样子：他们是真正的车手。

在赛段开始前的一点儿时间里，苏格拉底凝视着昂布兰湖中映衬出来的倒影，想到了那耳喀索斯。这个希腊神话中的英雄狩猎时在水塘里看到了自己的容貌，爱上了自己的倒影，由于不肯离去，憔悴而死。

这一神话通常用来反对对自我的过度迷恋。那耳喀索斯是作为悲剧英雄出现的，他的错误在于过于以自我为中心。但是苏格拉底对这个神话故事有另一种解读。他认为，那耳喀索斯的态度是值得尊重的，因为他见证了英雄主义的崇高，他将自己完全献给了庄严而又标志性的激情：他自己。

那耳喀索斯对要求忘记自我的利他主义道德标准无动于衷，是不折不扣的利己主义者——直到最后，直到死亡。有的人肯定会说这是愚蠢的虚荣心，苏格拉底却认为，这是悲剧性的崇高。

这天，在昂布兰湖前，这位希腊的车哲家觉得自己或多或少也拥有了这种高贵。他对自己能够超越野心感到自豪，可以将自己交付给崇高之物：骄傲——就像那耳喀索斯一样，为不能完美而感到不满。

他平静地离开了——永远地离开了。这场狩猎已经结束了。

苏格拉底将不会参加第十九赛段的比赛。他更想借一条脚踏船，在湖上独自荡漾，这是他的故事里新的篇章。没有什么可多说的。

当希腊 – 拉丁队的队长自愿退出之后，年轻人就可以向前走了。在柏拉图专注于守护自己的白色骑行衫，为第二天决定性的计时赛节省体力时，亚里士多德抓住了最后一次机会，放手一搏。

在早上的简报中，爱比克泰德进行了简短的发言：每个人都可以根据自己剩余的体力，按照自己的想法比赛。

在通往普罗旺斯的萨隆的赛道上，亚里士多德进行了最后一次疯狂的冲刺。在此之前，这个年轻的希腊车手一直在环法自行车赛中相当谨慎地表现着自己，满足于完成团队协作。但是谨慎并不代表胆怯。在亚里士多德看来，谨慎更像是一种实践的智慧，等待合适的时机，在两种极端之中寻求中庸的艺术。因此，谨慎与勇气并存，在胆怯（害怕进攻）和鲁莽（过于大胆、过激并导致失败的进攻）这两个极端之间存在中间点。正是在第十九赛段中，亚里士多德以一次灵活的进攻证明了自己。

在车手们前往萨隆的路上，刺眼的阳光照在了领先的 12 个人身上，阻碍他们前进，加剧他们的疲劳。大部队的感受就更糟了，为了超过领先的人，他们耗费了十几分钟。这次进攻让赛段的胜利归属变得更加扑朔迷离。亚里士多德的勇气在此时也无济于事，在离终点还有 30 多公里的时候，他感觉麻木感击败了自己。他开始怀疑自己是否有能力把握住这次机会。非常幸运的是，在这个时候，柏拉图（在大部队中）通过耳机鼓励了自己的队友。

把竞争关系放在一边，柏拉图和亚里士多德在过去三周的比赛中建立了真诚的友谊，尤其是在穿越比利牛斯山的时候，亚里士多德帮助柏拉图保住了他的白色骑行衫。而今天，这位最优秀的年轻车手感觉到这一次，他的队友需要他。通过将他们联系在一起的电台，柏拉图给这个被遗忘的人加油打气。

“亚里士多德，”他说道，“我知道这确实很困难，阳光照在你的脸上，而疲劳感越来越强，但是我要告诉你：其他在你旁边冲刺的车手也面对着同样的情况。我可以告诉你，在大部队中，每个人都是疲惫不堪。今天的胜利者不会是最强的那一个，而是想要更多，朝着更高的地方拼搏的那一个。就是这样！不要害怕阳光，而是把它看作一种优点，就像你的优点一样，这将是你的胜利。像伊卡洛斯一样飞向阳光，飞吧！也许你的翅膀会燃烧……但是谁知道呢，也许你可以抓住太阳！”

这几句话并没有包含太多的细节，但是对亚里士多德意义非凡。从这时起，他们会说，将亚里士多德和柏拉图联合起来的友情，超越了他们的个人利益，或者说跨越了他们在理论上的分歧。他们想说，他们对彼此非常信任，他们认定对方有能力达到既定的目标。

亚里士多德恢复了平静，向着今天这最后一次的难关发起了冲刺。今后，他将一个人在前面，飞向荣耀的胜利。只要脱水没有损伤他的翅膀，只要后面的人没有吃掉他。

他会到达终点吗？这还是个谜。我们能知道的是，亚里士多德，如同苏格拉底一样，敢于尝试不可能的事情——这是伟大的可能性的必要条件。

第20赛段　意想不到的胜利

“不会很久的，耶，耶，耶！不会很久的！耶！”在马赛的计时赛开始前的热身运动中，恩奎皮尔听着披头士的音乐，试图给自己打气，这首歌的歌名他也觉得很合适。然而他却没法做到真的激励自己。

“不会很久的”，你说呢？作为目前总排名的第十二位，他早就经验丰富，并不觉得计时赛总是困难重重、难以忍受、永无休止，但他已经没有更多力气去应对这场绝对痛苦的磨炼了。他决定了：要在手里放上计时器。不管怎样，法国队在环法自行车赛上已经输了。没有任何赛段的胜利。成绩差强人意，有点立足之地。但无论如何，这届比赛对法国队来说仍是失败的。

但萨特没有听到他在唱什么。这位法国队经理监督着他的车手的热身，也注意到了他的懒散。他很清楚地看到恩奎皮尔不愿意投入。这位法国队的队长是孤军奋战的专家，如果因为缺乏动力而失去获得当日赛段好名次的机会，未免太过可惜。萨特已经习惯于管理冠军们的业余爱好，他试图给恩奎皮尔一点鼓励：

“来吧，我的朋友，最后再努力一下，你就要到巴黎了，荣誉正等着你，庆祝也等着你！你看，我甚至可以向你保证，从今天晚上开始，给你准备你最喜欢的菜——烤羊肉，薯条和桑格利亚酒，如果你能在计时赛中获得前五名的话。来吧，加油，你已经完成了 3500 公里，区区 20 多分钟的努力又算得了什么？面对充满荣誉的生活，这些辛苦的时刻又算得了什么呢？”

“我也很想，让－保罗，但是我几乎做不到了！”恩奎皮尔叹了口气，“我真的筋疲力尽了。我的电池电量用完了。我的油箱已经没油了……”

“本质[1]并不重要！当一切都结束的时候，你很快就能找回来。现在重要的是，你有行动的自由：你可以选择轻松地完成这场计时赛，放弃你身上的红色，就在今天做一个默默无闻的人，享受着舒服的位置；或是你想要最后再努力一次，让所有人为你自豪。是懒散懈怠还是激情四射，决定权在你手上。但是不要跟我说，你的本质不存在了，因为我要用一个重要的真相反驳你：存在先于本质！在我们没有行动的时候，什么都不会留下来。”

尽管萨特说选择取决于他自己，但恩奎皮尔看着经理的眼神当然明白，无论如何他也要尽力完成这次的计时赛……因此在热身的时候，这个法国运动员自己开始加速，耳机里的音乐也换了：在披头士乐队消极的《不会很久的》之后，该尝试一些积极的想

[1] 这里作者玩了一个文字游戏：在法语中 essence 一词既有“汽油”的意思，也有“本质”的意思。恩奎皮尔指的是前者，萨特指的是后者。下文中的“存在先于本质”是萨特的名言，首见于其作品《存在与虚无》。——编者注

法了，听听滚石乐队的《时间与我同在》。

事实上，时间已经站在法国冠军这边了。恩奎皮尔带着自己的计时器，在马赛的街头完成了孤独却又竭尽所能的努力，领先英国运动员布拉德利·罗素不到 1 秒。没有人能做得更好了。在环法自行车赛结束的前夕，恩奎皮尔给法国队带来了第一次意想不到的赛段胜利，也为自己的训练交出了一份完美的答卷。

而对希腊–拉丁队来说，他们的环法之旅不需要拯救，他们已经成功了。如果柏拉图能够成功保住作为最佳新人的白色骑行衫，就更是意外收获了。这个任务很不容易，因为米格尔·阿韦罗斯在背后虎视眈眈。米格尔在计时赛方面的能力可以让他轻松缩小差距，在比赛末段，在超过 20 公里的赛道上赶超 26 秒的差距，不算什么。因此柏拉图也处在压力之下。

在热身的时候，这位年轻的希腊运动员试图掩盖自己的焦虑，但他表现出的少有的沉默寡言的样子还是出卖了自己。“我还领先吗？我选择了合适的传动比吗？我应该快速出发，还是保存实力直到比赛结束？我的感受是什么？阿韦罗斯今天会顺利吗？”柏拉图无法阻拦自己信马由缰的思绪，这不仅不能让他安下心来，反而将他封闭在更纯粹的焦虑之中。

在这种时候，领队的角色是重要的。他应该帮助自己的队员，将焦虑转变成力量。爱比克泰德选择使用雄辩术，在见到苏格拉底使用过一次之后，他知道这个方法是有效的。

“我亲爱的柏拉图，”他说，“你不是像阿韦罗斯一样，有两条腿，两只胳膊，一颗心，一个脑袋吗？”

柏拉图点了点头，什么都没说。

“你难道不是跟你的对手一样都是两足动物吗？”爱比克泰德接着说。

“是的，当然。但是你想得出什么结论呢，教练？”

“柏拉图，我是想要向你证明，面对阿韦罗斯，没有任何复杂的因素,因为实际上你跟他一模一样。你难道不这样认为吗？”

“是的，当然。但是一双腿可能会比另一双更有力，一颗心跳得可能更快也可能更慢，一个灵魂，可能更清醒也可能更糊涂……”

“打住，打住，”爱比克泰德打断他，“又是这些消极的想法！不要总想着你的竞争对手有多强！你不能根据他的表现来表现。你要掌控的是自己的努力。而我能向你保证的是，只要你竭尽所能地去骑行，你的担心就会土崩瓦解。你说对不对？”

柏拉图似乎只听进去了一点点……唉，时间已经到了，必须出发去计时赛的起点了。他皱起眉头，带着一颗沉重而又剧烈跳动的心，向着出发点的斜坡走去。10 分钟、5 分钟、3 分钟……时间过得难以想象的慢。1 分钟、30 秒、5 秒……最后，真正的比赛时刻到了。在接下来的 20 分钟里，柏拉图就会知道，自己的身体里有什么，知道自己是什么类型的运动员，未来可以期许什么。

不用等到计时赛结束了。5 分钟之后，他就已经知道了。他的感觉很特别，无法用言语来解释。无论阿韦罗斯的表现如何，柏拉图已经确定：这个西班牙运动员永远不会和自己骑得一样好。在圣母加德大教堂那可怕的爬坡路上，年轻的希腊人感觉自己出类拔萃，有能力到达巅峰。在以罕见的敏捷完成令人印象深刻的爬坡的时候，柏拉图感觉自己触碰到了自行车运动的本质，以及自己真正的想法。为了取得车哲家的智慧付出了那么多的努力，最后看到自己实现这个目标，是多么开心的事情！

柏拉图的感觉没有错。赛段第三名，仅仅落后获胜者恩奎皮尔几秒的时间，这位希腊车手毫不费力地保证了自己将白色骑行衫穿到巴黎，并带回奥林匹亚，在那里有一群新近投身于自行车运动的支持者，准备好迎接这位完成了疯狂奥德赛之旅的英雄。而同样是优秀车手的阿韦罗斯也没有给自己找借口，承认对手很出色。他甚至用赞扬的话语祝贺柏拉图，恭喜他即将成为新星中的佼佼者，未来的车哲家国王。

第21赛段　冒险圆满结束！

穿越香榭丽舍大街的时刻到了，布满困难和波澜的冒险以圆满的方式结束了。所有的自我怀疑和艰苦卓绝都被遗忘了，只剩下完成环法自行车赛的满足感。这种满足，可以在斯宾诺莎的脸上看到。在赛段的前几公里，他在大部队前面领骑，按照惯例，其他车手都会为他让出这个位置。环法自行车赛的冠军手上拿着香槟和记者们庆祝，骄傲地炫耀着漂亮的黄色领骑衫，但是斯宾诺莎公开表达出的喜悦，还不能和他内心的喜悦相比。“所有美好的事物都是既罕见又难以寻觅的。”他慢慢地咀嚼这句话。过去的三个星期艰苦而激烈，然而，这一切都是值得的。今天，斯宾诺莎感觉自己触碰到了崇高，达到了自行车运动的完美。这一天，这位荷兰车手青史留名。他的寻觅已经结束。当平静的感觉引领车手们前往巴黎市中心的时候，斯宾诺莎充满了至高无上的满足。

帕斯卡没有赢得环法自行车赛，但重要的是，当他第一次在香榭丽舍大街的鹅卵石上转弯时，宏大而深沉的幸福感涌向了他。自从尼采跟他说上帝已死之后，这位资深的神学家就将身心投入到了这项充满野心的挑战之中：将被虚无困扰的不幸的自己转变为专业的车手。“这是个庸俗的目标，没有用也没有意义。”他曾经的大学同事轻蔑地评论道。然而今天，他们都在香榭丽舍的人行道上，有些嫉妒地见证着帕斯卡成功的转变。帕斯卡做到了。他赢了。巴黎是他的了。

不是所有人都享受着在香榭丽舍大街上的骑行。德国队的队员都专注于最后一个目标：让扎戴尔赢得绿色领骑衫，享受冲刺王的荣耀。沃格特、弗洛伊德、乌尔里格、马克思、阿尔蒂希——他们一个接一个在大部队前方加速，试图在比赛的最后几百米将差距拉到最大，以便在最后冲刺时，保证他们的冲刺队员在最好的位置上。任务完美地完成了，扎戴尔在协和广场的出口展现了自己的实力，他比以往更愿意承认，这条路配得上“世界上最美丽的路”的名号。

弗洛伊德有些歇斯底里，几乎失去了意识。一冲过终点线，他就向围绕着今天的冠军的记者走去。他把他们一个个分开，冲进了扎戴尔的怀抱。他的梦想实现了。他自己没有赢，但跟赢了也差不多。虽然不是伟大的自行车冠军，弗洛伊德也很开心地找到了自己的位置。冠军的喜悦也充分传递到了他身上。

马克思同样没有亲身体验7月的荣誉。然而，他与被压迫者站在一起，仍然在比赛之外捍卫着自己认为重要的东西。面对这样的情况，评委团除了给予马克思“环法自行车赛的超级敢斗奖”头衔，作为对比赛中最有活力的车手的奖励之外，别无他法。就像收到了冲刺王的绿色领骑衫的扎戴尔一样，马克思也有权登上最终的领奖台，享受荣誉。这象征着车手－哲学家的经验的胜利，是重要又充满象征意义的时刻。诽谤德国队的人，指责他们人为地拼凑成了一支并不协调的队伍，这种中伤是完全错误的。德国人在整届比赛中表现出的团队精神，直到最后在香榭丽舍大街取得的成功，扎戴尔胜利后弗洛伊德的表现，马克思和扎戴尔在领奖台上交换的笑容——所有这些都见证了这支“拼凑出”的队伍的强大凝聚力。

同往常一样，爱因斯坦担任了先驱的角色。曾经被嘲笑、被指责的他，如今成为了英雄。因为他，德国队重新找回了自行车运动的荣耀。因为他，每个人都明白了从今天开始，思考者和行动者不应该对立，他们是可以互补的。在领奖台上友好地握手的马克思和扎戴尔，开启了一个新纪元；他们最终巩固了自行车运动和哲学之间的联盟。

而尼采和柏拉图，则是爬坡王和最佳新人，他们也荣幸地站在了环法自行车赛的领奖台上。他们杰出的表现象征着思想与行动的完美统一，身体与灵魂的统一。他们对此有何评论？实话实说，什么也没有。我们刚刚看到他们朝着巴黎一个不入流的小酒馆的方向走去。已经做了太多演讲，已经付出了太多努力，足够了。现在是生活的时候，是庆祝这部伟大而壮丽的史诗终结的时候了。属于我们的车哲家英雄们的宴会已经准备好了，这是一场狄俄倪索斯式的宴会……

对此我们不再多说，因为事情已经众所周知：对于我们无法谈论的事情，应该保持缄默。

走，去酒吧喝
点儿酒……
199
2
希腊队
1
法国队
6
德国队
7
德国队

附录 哲学家小传

苏格拉底（前 470—前 399）

出生于希腊雅典一个普通家庭，父亲是雕刻匠，母亲是助产妇。早年继承父业，后来研究哲学。曾三次参军作战，还担任过陪审官，30 多岁开始指导学生。街头、广场、庙宇都是他教学的场所，凡向其求教的人，他都热情相授而且不收学费。

苏格拉底一生清贫，诲人不倦，却未留下任何著作。他的生平事迹和学说主要通过他的学生记录下来才得以流传，后人普遍认为他是西方哲学的奠基者。

苏格拉底有一个重要观点：人要认识自己，知道自己的无知，才能在追求智慧的路上更进一步。他还深信死亡是灵魂超脱于肉体，在因不敬神灵和毒害青年等罪名被判处死刑后，他淡然面对，选择服毒自尽，终年 70 岁。

柏拉图（前 427—前 347）

出生于雅典一个贵族家庭，早年受过良好教育，20 岁时师从苏格拉底。苏格拉底死后，柏拉图离开雅典，开始了长达 12 年的游学生活。

40 岁时，柏拉图创办学院，边教学边著书，学院入口处写着“不懂几何学者勿入”。很多有志青年投奔而来，亚里士多德便是其中之一。柏拉图是西方教育史上第一个提出完整的学前教育思想，并建立了完整教育体系的人。

柏拉图以他的“理念论”为基础，创建了一个庞大的唯心主义哲学体系，对后世西方哲学产生了极大影响。他所创立的学院，在其死后继续存在了数个世纪之久。

亚里士多德（前 384—前 322）

生于希腊，父亲是宫廷御医，他受父亲影响从小学习医术，对生物学、数学、哲学尤为感兴趣。进入柏拉图学院学习期间，更广泛涉猎各门学科。他的研究涉及伦理学、生物学、经济学、政治学等众多领域。亚里士多德一生著作颇丰，后人称他为“最博学的人”。他也因声名显赫，被聘请为亚历山大的老师。

亚里士多德创办过自己的学院，他讲课时有一个习惯，边讲课，边漫步于走廊和花园，正因如此，学院的哲学被称为“逍遥的哲学”或“漫步的哲学”，这个学派也因此得名“逍遥学派”。

亚里士多德集古代各种知识于一身，几乎对每个学科都做出了贡献。他与柏拉图、苏格拉底并称古希腊三贤。

尼采（1844—1900）

德国哲学家。幼年时父亲和弟弟便去世，在由祖母、母亲、妹妹组成的全是女性的贵族家庭中长大。过早见证死亡使尼采比同龄人早熟，而被女性包围着成长又使他娇惯而敏感。

尼采有两个重要哲学观点：一是“超人哲学”，二是“权力意志”。前者是一种不断超越自我的人生观，后者强调生命力和战斗力。尼采也是个极端的反理性主义者，对任何理性哲学都进行了彻底的批判。

尼采的思想颠覆了西方的道德思想和传统的价值，被认为是西方现代哲学的开创者。主要著作有《权力意志》《悲剧的诞生》《查拉图斯特拉如是说》等。

1879 年开始，尼采一直饱受精神疾病煎熬，1889 年精神崩溃，从此再没恢复，于 1900 年去世。

爱因斯坦（1879—1955）

出生于德国乌尔姆市的一个犹太人家庭。1900 年毕业于苏黎世联邦理工学院，次年取得瑞士国籍。

1905 年 3 月爱因斯坦发表“量子论”，提出光量子假说，解决了光电效应问题；同年 4 月取得苏黎世大学物理学博士学位；5 月提出狭义相对论，开创了物理学的新纪元。1905 年被称为“爱因斯坦奇迹年”。1915 年，爱因斯坦创立广义相对论，1921 年获得诺贝尔物理学奖。

1933 年移居美国，在普林斯顿高等研究院任职，1940 年加入美国国籍，同时保留瑞士国籍。1955 年于美国新泽西州普林斯顿市去世，享年 76 岁。

帕斯卡（1623—1662）

法国数学家、物理学家、哲学家。从未受过正规教育，通过对数学和科学倍感兴趣的数学家父亲的教育和培养，自小便在数学和物理上表现出惊人的天赋。16 岁时写成《圆锥曲线论》，19 岁时制作了世界上最早的计算器，30 岁时发现了帕斯卡定律，并在此定律基础上发明了注射器和水压机。

帕斯卡的思想理论集中表现在他的《思想录》（未完成即去世）中，他一方面继承发扬了笛卡尔的理性主义，另一方面又指出理性本身的内在矛盾和界限。“人是一根会思考的芦苇”是帕斯卡哲学思想的经典概括，人类脆弱而渺小，但因能思考而高贵。

帕斯卡的一生非常短暂，年仅 39 岁便离开人世，但在数学、物理和哲学领域都做出了巨大贡献。

叔本华（1788—1860）

德国哲学家。出生于一个富有的家庭，父亲是商人，母亲是作家。叔本华从小与母亲的关系不好，17 岁那年父亲的自杀给了他沉重的打击。不和谐的家庭环境对叔本华的性格和思想造成了很大影响。叔本华先在哥廷根大学学习医学，后到柏林大学转攻哲学，之后取得了耶拿大学的博士学位。1814 至 1819 年间，他完成了代表作《作为意志和表象的世界》，并凭借此书成为柏林大学的编外教授。1833 年受挫退休后，叔本华移居到法兰克福，仍继续写作，并出版了多部作品。

叔本华开创了唯意志主义哲学，认为世界的本质是意志，他的哲学思想带有强烈的悲观主义色彩。直到晚年，叔本华的才华才获得公认。1860 年，叔本华因肺炎恶化去世。

马克思（1818—1883）

德国哲学家、经济学家、政治学家。出身于律师家庭。先后在波恩大学和柏林大学学习法律，但大部分精力却放在了哲学和历史上，23 岁便取得哲学博士学位。曾任《莱茵报》《德法年鉴》《新莱茵报》的主编，因频频发表抨击政府的激进文章，被许多国家驱逐。

马克思大半生四处漂泊，即使举家迁至伦敦后也是屡屡搬家。由于没有固定的工作，仅靠微薄的稿费勉强维持生计，所以一家人生活十分困顿，是在挚友恩格斯长期的援助下，马克思才得以专心研究、创作、领导革命运动。

马克思一生著作颇丰，其主要作品有《共产党宣言》《资本论》《剩余价值理论》。他提出的历史唯物主义理论，被认为是使社会主义从空想变成科学的基石。

弗洛伊德（1856—1939）

奥地利精神分析学家、心理学家。1881 年获得维也纳大学的医学博士学位，毕业后先后在布吕克实验室和维也纳综合医院工作，1885 年前往法国留学。留学归来后私人开业行医，治疗精神疾病。

弗洛伊德于 1895 年正式提出精神分析的概念，1919 年成立国际精神分析学会，是精神分析学派的创始人。弗洛伊德将精神分析理论应用到人类社会生活和文化历史发展的各个领域中，形成了具有哲学性质的弗洛伊德主义。

弗洛伊德在晚年被诊断出患有口腔癌，接受了很多次手术。在人生最后的时间里，他依然忙于工作、撰写文章，最终于 1939 年在伦敦去世。其代表作《梦的解析》被誉为改变人类历史的书。

萨特（1905—1980）

法国哲学家、文学家、剧作家、社会活动家。在巴黎高等师范学校攻读哲学，毕业后到高中教哲学，1933 年留学德国，进修胡塞尔的现象学。二战时应征入伍，后来作为战俘在集中营中度过了 10 个月。获释后，萨特继续从事教育工作和写作。

著有哲学专著《存在与虚无》《存在主义是一种人道主义》，小说《恶心》《墙》等。他创作的戏剧作品《苍蝇》《禁闭》《死无葬身之地》大多在剧院久演不衰。萨特的名言“他人即地狱”便是《禁闭》中的台词。

萨特一生中拒绝了包括诺贝尔文学奖在内的所有奖项，理由是“谢绝一切来自官方的荣誉”。他在晚年时双眼几近失明，饱受病痛的折磨，1980 年病逝于巴黎，享年 74 岁。

柏格森（1859—1941）

法国哲学家。1878 年进入巴黎高等师范学校读书。1889 年，柏格森发表了他的第一部哲学专著《时间与自由意志》，并获得博士学位。他的第二部哲学论著《物质与记忆》一经出版便引起轰动。1897 年，他被聘为巴黎高等师范学校哲学教授。1900 年，他进入法国最高学术机构法兰西学院任教。

柏格森的代表作《创造进化论》全面阐述了其生命哲学体系，他凭借该书获得了诺贝尔文学奖，这在西方哲学史上十分罕见。柏格森的生命哲学提倡直觉，贬低理性。绵延是柏格森哲学最独特的概念。

20 世纪 20 年代中期，由于健康状况恶化，柏格森辞去了各种职务。1941 年病逝于纳粹占领下的巴黎，终年 82 岁。

斯宾诺莎（1632—1677）

荷兰哲学家。出生在阿姆斯特丹的一个犹太商人家庭，自幼便在犹太神学校学习，曾被视为教会的光明和希望，却在 24 岁时因背叛教义被开除教籍，成为世人眼中的背教者、“异端”，还险些遭人谋杀。

被放逐之后，斯宾诺莎迁居数次，最后定居海牙，以打磨镜片为生，同时进行哲学思考。他拒绝了当时诸多请他施展才华的邀请和经济上的援助，后半生一直过着清苦的隐居生活。

斯宾诺莎是第一个用理性主义观点和历史的方法对《圣经》进行系统性批判的哲学家，提出了泛神论。他认为哲学和宗教是两条不同的道路，二者不能互相干涉。

他在44岁时因肺结核去世。他最伟大的著作《依几何次序所证伦理学》在他死后才得以发表和出版。荷兰人把他的头像印在货币上。一向吝于溢美之词的黑格尔曾说:“要达到斯宾诺莎的哲学成就是不容易的，要达到斯宾诺莎的人格是不可能的。”

致谢

这本书的写作过程也像是一届拥有多个赛段的长期比赛。感谢那些在这条路上不辞辛苦地陪伴我的人：菲利普 · B、克里斯托夫、皮埃尔 · M、菲利普 · R、埃米莉、玛丽、丹尼尔。

以及那些以这样或那样的方式，答应我不必在“大脑和大腿”之间作出选择的人：布鲁诺、皮埃尔 · C、克莱芒、J-F · 巴洛德，以及我曾经和现在的车队，戈贝尔梦之队。

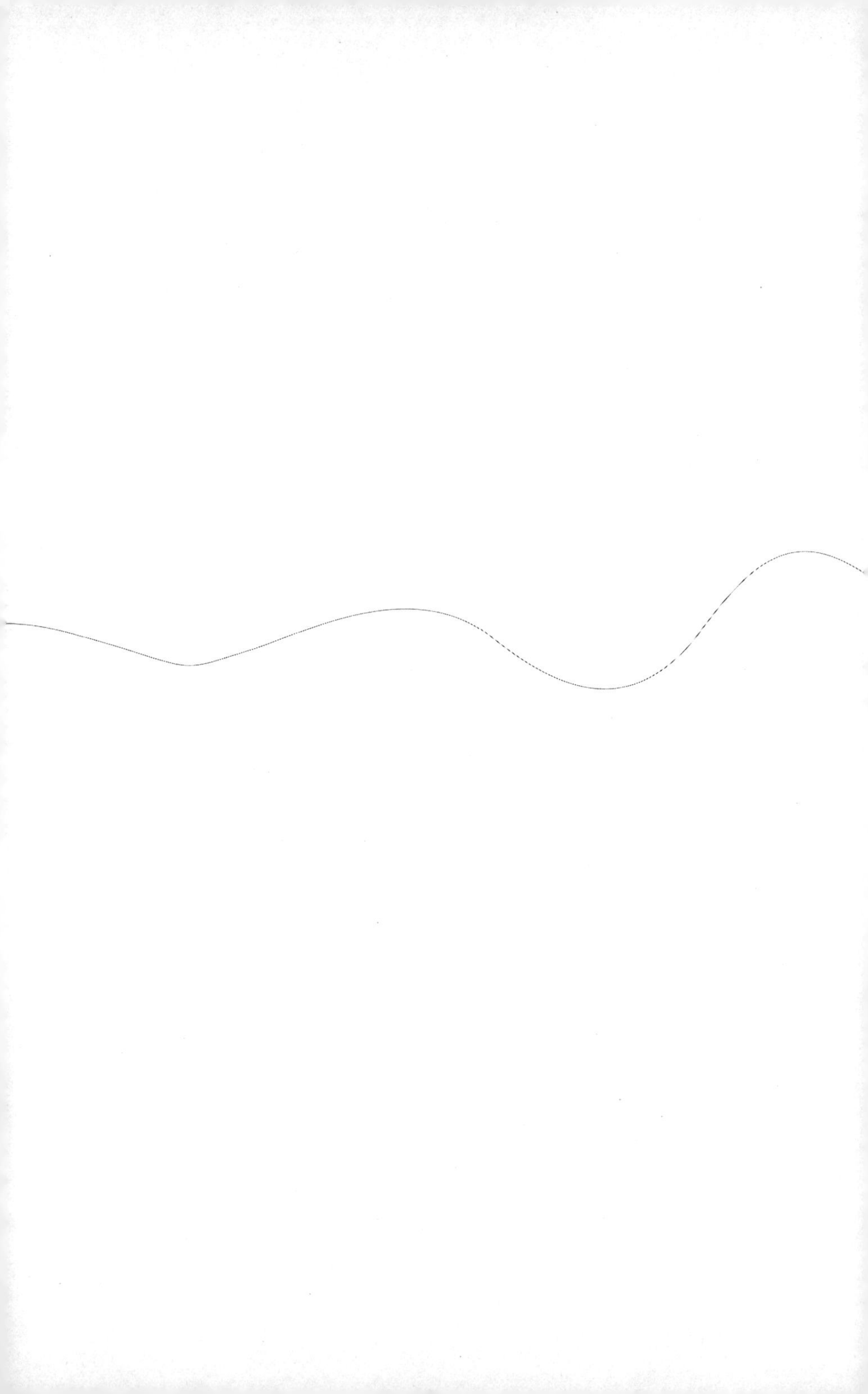